Jenny Gryffon

Photographies Alice Bertrand

MA TRIBU & MOI

MARABOUT

Mon pain de mie maison

Ma bûche nougat glacé

Mes brochettes bœuf et fromage

Sommaire

Avant-propos

MOI, MAMAN DE 6, TOUJOURS À FOND EN CUISINE !

Troisième livre... et toujours cette même envie de partager avec vous ma cuisine, celle du quotidien, simple, rapide, efficace, mais surtout remplie de bienveillance et de plaisir.

Il est la suite logique des deux précédents : des recettes pensées pour vous faciliter la vie, pour que cuisiner ne soit pas une corvée mais un moment de partage et de réconfort. Parce que je sais que nos journées sont bien remplies, que le temps file, entre le travail, la famille, les imprévus... Et pourtant, on a tous et toutes envie de bien manger, sans y passer des heures.

À travers ces pages, je vous transmets un bout de mon histoire, de mon quotidien, avec cette cuisine qui m'accompagne depuis toujours. Elle m'a appris qu'un bon repas, c'est bien plus que des ingrédients assemblés : c'est un moment pour soi, un instant avec ceux qu'on aime, un souvenir en devenir.

J'espère que ce livre vous inspirera autant qu'il m'a inspirée. Qu'il vous aidera à alléger vos journées, à vous organiser sans stress, et surtout à profiter de ces petits instants autour d'un plat fait maison.

Merci d'être là, merci de me suivre dans cette belle aventure.

Jenny Gryffon

Citation

Un bon repas, c'est bien plus que des ingrédients assemblés.

Introduction

Mon organisation et mes astuces

Voici quelques conseils pour améliorer votre quotidien. Je n'ai pas fait toutes ces choses d'un coup d'un seul, mais vous verrez avec le temps qu'ils deviennent vite indispensables !

ANTICIPER LA VEILLE POUR BIEN COMMENCER LA JOURNÉE

Les matins peuvent être le moment le plus stressant de la journée, pas vrai ? Mais avec une bonne routine, tout devient plus zen et organisé. Chaque soir, je prends 10 minutes pour tout organiser : sortir les vêtements des enfants et les miens, et m'assurer que les sacs sont prêts pour le lendemain.
Le matin, je me lève à 5 heures pour avoir un peu de temps pour moi et être prête avant le réveil de mes enfants, à 7 heures.

→ Prendre de l'avance pour que tout soit prêt avant le lever des enfants fait une énorme différence : vous gagnez du temps et commencez la journée sans stress.

UNE BONNE TO-DO LIST, C'EST CELLE QUI NE VOUS SUBMERGE PAS

Je me suis souvent retrouvée à faire des listes trop longues et impossibles à finir… Résultat ? Frustration et stress. Aujourd'hui, je me limite à trois tâches prioritaires et réalisables dans la journée. C'est beaucoup plus efficace et, surtout, ça me permet de rester concentrée sur ce qui compte vraiment.

→ Prioriser les tâches, se fixer des objectifs réalisables et se concentrer sur l'essentiel. Trois tâches, c'est souvent suffisant pour une journée bien remplie !

IMPLIQUER LES ENFANTS DANS LES TÂCHES MÉNAGÈRES PEUT FAIRE TOUTE LA DIFFÉRENCE

Chez nous, chacun a une petite responsabilité adaptée à son âge. Tous les soirs, mes enfants mettent la table pour le dîner, et même si parfois ça râle un peu, ils le font quand même (pas toujours avec le sourire, mais ça fait partie du jeu). Quand ils jouent, ils savent qu'ils doivent ranger leurs jouets après. Ils mettent aussi leurs vêtements sales dans les bacs à linge et retirent leurs draps pour les mettre dans la machine à laver. Ils ne les changent pas encore, mais c'est déjà pas mal !

→ Donnez de petites missions à vos enfants, adaptées à leur âge. Ils n'auront peut-être pas toujours le sourire, mais au bout du compte, ils adorent aider et se sentir utiles !

Quelques idées de tâches adaptées selon l'âge :

- 2-3 ans : ranger les jouets, les livres.
- 4-5 ans : mettre les vêtements dans le bac à linge, retirer les draps.
- 6-7 ans : aider à mettre la table, vider lave-vaisselle, essuyer les petites surfaces.
- 8-10 ans : préparer son sac d'école, aider à débarrasser la table, passer un coup de balai.
- 11 ans et + : préparer un petit déjeuner simple, faire une lessive, passer l'aspirateur, vider le lave-vaisselle.

Le calendrier des tâches

Les enfants participent, mais il y a souvent des disputes pour savoir à qui le tour. J'ai donc mis en place un calendrier pour toujours mieux s'organiser en famille. Chaque enfant a de petites responsabilités adaptées à son âge et, grâce à ce système, on garde une ambiance sereine à la maison. Un calendrier des tâches permet de responsabiliser les enfants et d'éviter les conflits tout en les impliquant dans la vie quotidienne de la maison. Moins de stress, plus d'harmonie ! Quel que soit le type de calendrier (papier, numérique...), l'important, c'est que chacun sache ce qu'il doit faire, et quand.

PRENDRE UNE PAUSE BIENVEILLANTE

Ne culpabilisez pas lorsque vous vous accordez une pause ! Prendre soin de soi, c'est aussi être plus disponible et serein·e pour sa famille. Planifiez ces moments de repos dans votre organisation, ils sont aussi importants que les tâches quotidiennes.

GÉRER SON BUDGET

Café à emporter, sorties en famille, courses imprévues... Ces petites dépenses peuvent vite s'accumuler ! Mais j'ai une astuce simple et efficace pour mieux les gérer : la méthode des enveloppes. Créez des enveloppes pour chaque catégorie de dépenses courantes. Allouez un budget fixe pour chaque enveloppe au début de la semaine et, quand l'enveloppe est vide, attendez la semaine suivante avant de dépenser à nouveau. Cela permet de mieux contrôler les petites dépenses sans se priver.

Voici comment je m'organise chaque semaine :

- 20 € pour les cafés et petits plaisirs personnels (magazine, fleurs ou gourmandises) : se faire plaisir sans exagérer !
- 20 € pour les sorties en famille : un bon moment sans culpabiliser.
- 30 € pour les courses imprévues : les petites choses auxquelles on pense toujours à la dernière minute !

→ Avec cette méthode, je garde le contrôle (autant que je peux) de mes dépenses tout en m'accordant de petits extras !

Citation

Ne culpabilisez pas lorsque vous vous accordez une pause !

LIMITER LE TEMPS D'ÉCRAN

Je l'avoue, chez nous, les écrans prennent parfois un peu trop de place... Télé, tablettes, jeux vidéo... difficile de dire stop, surtout quand les enfants sont plongés dedans. Mais j'ai trouvé une petite astuce pour limiter les temps d'écrans sans cris ni frustrations : un timer ! Quand il sonne, c'est fini les écrans, et on passe direct à d'autres activités.

Voici comment je m'organise pour limiter les écrans :

- Le matin, aucun écran avant de partir à l'école : à la place, on met de la musique au petit déjeuner pour commencer la journée en douceur.
- Les repas sont sans écran : c'est l'occasion de partager et discuter en famille.
- On propose des alternatives variées : jeux de société, lecture, activités créatives, ou encore une sortie en plein air.

→ Avec ces petits changements, on retrouve du temps de qualité en famille, et les écrans passent au second plan.

GARDER UNE MAISON ORDONNÉE SANS STRESS

Le désordre s'accumule vite, mais j'ai trouvé une solution toute simple. Voici comment je m'organise :

• Je range tout de suite, en suivant la règle des « 1 minute » : si une tâche prend moins de 1 minute, je la fais immédiatement. Ne jamais remettre à plus tard ce qu'on peut faire en 60 secondes !

• Les enfants participent aussi : chaque soir, je dépose leurs caisses de linge dans l'escalier et chacun monte sa caisse pour ranger ses affaires.

• Un rangement par zone : chaque jour, je me concentre sur une zone spécifique de la maison, pour ne pas me sentir débordée.

→ Avec ces petites astuces, on garde la maison bien organisée et tout le monde y contribue, un geste à la fois !

METTRE EN PLACE DES RITUELS POUR BIEN FINIR LA JOURNÉE

Le rituel du coucher est un moment sacré à la maison, tous les soirs, à 20 heures (enfin, presque, puisque mes deux aînées ne vont pas se coucher à cette heure-là). Bien sûr, ce rituel varie en fonction de l'âge des enfants. Voici quelques idées concrètes pour bien organiser ce moment :

• Pour les tout-petits (comme Valentina, 20 mois) : un gros câlin, une histoire calme et au lit sans trop de stimulation.

• Pour les plus jeunes (comme Gabriel, 3 ans et demi) : une veilleuse apaisante, une histoire racontée ou avec une boîte à histoires et un dernier câlin avant de s'endormir.

• Pour les 7 à 9 ans (comme Victoria et Alycia) : un livre ou une histoire audio avant de dormir, avec une veilleuse douce pour les aider à se détendre.

• Pour les plus grands (comme Elena, 12 ans, et Clara, bientôt 16 ans) : de l'autonomie dans leur routine, mais en gardant ce moment sans écran pour les aider à bien s'endormir.

Introduction

Bien s'organiser en cuisine, c'est la clé

GÉRER SON BUDGET COURSES

Pour bon nombre de foyers, le budget courses est juste astronomique et c'était encore mon cas il y a 8 ans. Un matin, j'ai décidé que ça devait changer et que je devais revoir ma façon de consommer en rationalisant un peu mes habitudes.

Je n'imaginais pas que la réalisation d'un simple menu aurait autant d'impact sur ma vie. Ainsi, j'ai réussi à maîtriser mon budget. Nous sommes 8 à la maison et je ne dépense jamais plus de 350 euros pour mes courses de la semaine. Nous mangeons mieux, plus varié et cela m'a donné envie de préparer plus de petits plats maison pour ma famille.

BATCHCOOKING + MISE SOUS VIDE : MA SOLUTION POUR DES REPAS FRAIS ET ÉQUILIBRÉS TOUTE LA SEMAINE

Préparer mes repas à l'avance m'aide à gagner du temps, à mieux m'organiser et à éviter le stress des dîners de dernière minute. J'utilise l'appareil de mise sous vide Be Save de Guy Demarle® pour conserver mes repas jusqu'à cinq fois plus longtemps !

Pourquoi adopter le batchcooking et la mise sous vide ?

- Gain de temps : moins de temps passé en cuisine chaque jour.
- Conservation optimale : grâce à la mise sous vide, les repas restent frais plus longtemps.
- Repas variés et équilibrés : tout est planifié, pas de gaspillage et des repas maison toute la semaine.

Préparer les repas une seule fois pour toute la semaine et les conserver sous vide, c'est la clé pour un batch cooking sans stress !

GARDER UN PLACARD DE PROVISIONS ULTRA-ORGANISÉ SANS SE RUINER

Mon astuce : des boîtes hermétiques transparentes ! On voit tout de suite ce qu'il reste et ça évite le gaspillage, tout est à sa place et facile d'accès, même pour les enfants.
Mais parlons budget : je ne vais pas vous mentir, cette organisation m'a demandé du temps… et de l'argent ! Investir dans des boîtes de qualité peut être coûteux. Alors mon conseil, c'est d'y aller petit à petit. Inutile de tout acheter d'un coup. Choisissez une catégorie à la fois (comme les pâtes ou les céréales) et étalez vos achats sur plusieurs mois. Résultat : un placard bien rangé, moins de gaspillage et, surtout, beaucoup plus de sérénité dans la préparation des repas en famille.

LES MENUS

	Petit Déjeuner	Déjeuner	Goûter	Dîner
JOUR 1	Mini tartelettes au poulet & pesto (page 40)	Madeleines au citron & coque en chocolat blanc (page 88)	Madeleines au citron & coque en chocolat blanc (page 88)	Saumon au soja, miel & sésame (page 58), riz et brocoli
JOUR 2	Pudding aux graines de chia (page 22), fruits frais	Le sandwich de Jürgen (page 42)	Briochettes aux myrtilles (page 86)	Tajine de boulettes (page 60)
JOUR 3	Briochettes extra moelleuses (page 24), chocolat chaud (page 26)	Galettes complètes (page 48)	Clafoutis aux cerises (page 90)	Cabillaud au chorizo & poivrons (page 74), riz
JOUR 4	Tartines à l'avocat & œufs mollets (page 30)	Burritos au thon & fromage frais au curry (page 44)	Cookies marbrés (page 92)	Poulet cajun à ma façon (page 70)
JOUR 5	Pancakes au lait ribot (page 28), miel	Bo bun aux crevettes (page 50)	Gâteau aux pommes ultra-moelleux (page 96)	Patates douces rôties (page 66), rôti de bœuf
JOUR 6	Pain de mie maison (page 20) toasté, beurre	Tartine burrata, tomates confites & pesto rosso (page 46)	Quatre-quarts à la pistache (page 94)	Crevettes à la provençale (page 76), pâtes
JOUR 7	Brioche perdue au fromage frais & saumon fumé (page 36)	Salade jar au jambon de Parme, parmesan & pâtes complètes (page 52)	Financiers tigrés (page 98)	Brochettes bœuf & fromage (page 62), riz

	Petit Déjeuner	Déjeuner	Goûter	Dîner
JOUR 1	Briochettes extra moelleuses (page 24), chocolat chaud (page 26)	Le sandwich de Jürgen (page 42)	Cookies chocolat-noisettes (page 93)	Fish burger (page 68), légumes grillés
JOUR 2	Pancakes au lait ribot (page 28), sirop d'érable	Omelette wrap (page 54)	Barres de riz soufflé & chocolat (page 84)	Poulet tomate & cacahuète (page 78), riz
JOUR 3	Pudding aux graines de chia (page 22), fruits frais	Mini tartelettes au poulet & pesto (page 40)	Madeleines au citron & coque en chocolat blanc (page 88)	Quenelles sauce aurore (page 64)
JOUR 4	Tartines à l'avocat & œufs mollets (page 30)	Tartine brie chaud, jambon sec & miel (page 46)	Brownie gourmand aux M&M's® (page 114)	Pain au camembert fondant (page 80), salade verte
JOUR 5	Pain de mie maison (page 20) toasté, beurre	Bo bun aux crevettes (page 50)	Cookies pistache (page 93)	Cabillaud au chorizo & poivrons (page 74), riz
JOUR 6	Brioche perdue au fromage frais & saumon fumé (page 36)	Salade jar au jambon de Parme, parmesan & pâtes complètes (page 52)	Clafoutis aux cerises (page 90)	Poulet cajun à ma façon (page 70)
JOUR 7	Pancakes au lait ribot (page 28), fruits	Burritos au thon & fromage frais au curry (page 44)	Financiers tigrés (page 98)	Tajine de boulettes (page 60), légumes

MENU SPÉCIAL BRUNCH

Boissons

Chocolat chaud (page 26),
jus d'orange pressé,
mimosa,
café

Plats

Pancakes au lait ribot (page 28),
brioche perdue au fromage frais & saumon fumé (page 36),
croissants Bénédicte (page 34),
tartines à l'avocat & œufs mollets (page 30)

Accompagnements

Batbouts (page 18),
tartinade de poulet au curry (page 32)

Douceurs

Briochettes gourmandes aux myrtilles (page 86),
clafoutis aux cerises (page 90)

MENU SPÉCIAL FÊTE

Apéritif

Mini muffins façon pain d'épices au foie gras (page 118),
mauricettes garnies (page 122)

Entrée

Saumon gravlax (page 120)

Plat

Poulet au sirop d'érable & à l'orange (page 124)

Accompagnements

Pommes de terre duchesse et haricots verts

Fromage

Brie à la truffe (page 128), pain d'épices (page 130)

Dessert

Pavlova (page 136)
ou nougat glacé aux pistaches & framboises (page 134)

PETIT DEJ
& BRUNCH

Les batbouts, ces petits pains marocains ultra moelleux, sont un incontournable chez moi ! Parfaits avec un tajine, un peu de beurre et de miel ou même au petit déj. Simples et gourmands, toujours un régal !

Batbouts

Pour 12 à 15 batbouts
Préparation 20 minutes
Repos 2 heures
Cuisson 4 minutes par fournée

320 g d'eau à température ambiante
1 sachet de levure de boulanger sèche
250 g de semoule de blé dur fine (+ un peu pour le façonnage)

1. Dans le bol d'un robot muni du crochet, versez l'eau et la levure. Mélangez brièvement pour dissoudre la levure. Ajoutez la semoule. Pétrissez pendant 3 minutes jusqu'à obtenir une pâte lisse et homogène.

2. Transférez la pâte dans un saladier, couvrez d'un torchon et laissez pousser pendant 1 heure dans un endroit chaud, à l'abri des courants d'air.

3. Posez la pâte sur le plan de travail saupoudré de semoule de blé et dégazez-la en appuyant dessus pour faire échapper l'air, puis étalez-la à l'aide d'un rouleau à pâtisserie. Saupoudrez-la de semoule.

4. Saupoudrez de semoule un tapis de pâtisserie. Détaillez des disques de pâte à l'aide d'un emporte-pièce rond de 7,5 cm de diamètre. Placez-les sur le tapis de pâtisserie et laissez-les reposer 1 heure pour une seconde levée.

5. Faites chauffer une poêle à feu moyen, sans matière grasse. Faites cuire les batbouts 4 minutes en les retournant toutes les minutes pour obtenir une cuisson uniforme.

C'est long à faire, mais quelle économie et quelle satisfaction !

Pain de mie maison

Pour 2 pains de mie
Préparation 15 minutes
Repos 2 heures
Cuisson 45 minutes

500 g de farine de blé fluide T45
1 sachet de levure de boulanger sèche
10 g de sucre
10 g de sel
40 g de beurre doux
300 g de lait ribot

1. Dans le bol d'un robot équipé du crochet, versez la farine, la levure, le sucre, le sel, le beurre coupé en morceaux, puis le lait ribot. Pétrissez pendant 10 minutes. La pâte doit se décoller des bords et ne doit pas être collante.

2. Placez la pâte dans un banneton ou un saladier graissé et fariné. Laissez pousser 1 heure dans le four à 40 °C.

3. Placez 2 moules à pain de mie ou à cake sur une plaque perforée.

4. Dégazez la pâte en appuyant dessus pour faire échapper l'air, puis divisez-la en 2 portions de même poids. Formez 2 boudins et placez-les dans les moules. Laissez pousser 1 heure dans le four à 40 °C.

5. Sortez-les du four, puis préchauffez-le à 210 °C en chaleur tournante. Placez sur les moules un tapis de cuisson et une grille perforée pour que les pains ne débordent pas et restent plats. Enfournez-les pour 45 minutes.

6. À la sortie du four, patientez 5 minutes avant de les démouler.

Astuce

Le pain de mie se conserve plusieurs jours emballé dans un torchon propre. Pour le moule, j'ai utilisé le moule sapin de chez Guy Demarle®.

Pudding aux graines de chia

Pour 1 à 2 portions
Préparation 5 minutes
Repos 1 nuit

200 ml de boisson végétale
2 grosses c. à soupe de graines de chia (30 ml)

Garniture (selon vos goûts)
Sirop d'agave, miel ou confiture
Fruits frais ou secs
Granola

1. La veille, dans un récipient, mélangez les graines de chia et la boisson végétale pendant 2 à 3 minutes. Placez le récipient au réfrigérateur et laissez reposer toute la nuit.

2. Avant de le consommer, versez le pudding dans un verre, un bol ou une verrine.

3. Agrémentez le pudding selon vos goûts avec des fruits, du granola, de la confiture, etc.

Astuce

Les graines de chia, c'est top ! Riches en fibres et en oméga 3, elles vous caleront bien pour un petit déj ou un goûter super sain ! Personnellement, je prépare cette recette avec du lait de coco.

Idéales pour le petit déjeuner ou à glisser dans le cartable pour une pause gourmande !

Briochettes extra moelleuses

Pour 12 briochettes
Préparation 25 minutes
Repos 2 heures
Cuisson 25 minutes

500 g de farine de blé fluide T45
70 g de sucre
3 œufs
150 ml de lait tiède (37 °C)
1 sachet de levure de boulanger sèche
1 pincée de sel
150 g de beurre doux
150 g de pépites de chocolat
1 jaune d'œuf (pour la dorure)

1. Dans le bol d'un robot équipé du crochet, versez la farine, le sucre, les œufs, le lait tiède, la levure et le sel. Pétrissez la pâte pendant 7 minutes, puis ajoutez le beurre coupé en morceaux. Continuez à pétrir pendant 10 minutes jusqu'à ce que la pâte se décolle des parois.

2. Formez une boule avec la pâte, couvrez et laissez reposer 1 heure à température ambiante, jusqu'à ce qu'elle double de volume.

3. Dégazez la pâte en appuyant dessus pour faire échapper l'air, incorporez les pépites de chocolat, puis divisez-la en 12 boules égales.

4. Recouvrez 2 plaques perforées de 40 × 30 cm de papier cuisson et disposez les briochettes dessus. Couvrez d'un torchon propre et laissez reposer 1 heure à température ambiante ou 30 minutes dans le four préchauffé à 60 °C.

5. Préchauffez le four à 180 °C en chaleur tournante. À l'aide d'un pinceau, badigeonnez les briochettes de jaune d'œuf battu. Enfournez pour 25 minutes, jusqu'à obtenir une belle coloration dorée.

Clara en voudrait tous les matins !

Chocolat chaud

Pour 6 à 8 personnes
Préparation 5 minutes
Cuisson 10 minutes

1 litre de lait (demi-écrémé ou entier)
250 g de chocolat noir 55 %
1 c. à café de cannelle moulue (facultatif)

1. Cassez le chocolat en morceaux pour qu'il fonde rapidement.

2. Versez le lait dans une casserole et faites-le chauffer à feu doux.

3. Ajoutez les morceaux de chocolat dans le lait chaud. Mélangez doucement et en continu jusqu'à ce que le chocolat soit complètement fondu. Fouettez le mélange pour obtenir une texture lisse et crémeuse.

4. Versez dans 6 à 8 tasses et servez immédiatement.

Astuce

Pour un goût moins intense, réduisez la quantité de chocolat à 200 g.

C'est la meilleure recette de pancakes ! Vous l'avez déjà testée ?

Pancakes au lait ribot

Pour 20 pancakes environ
Préparation 15 minutes
Cuisson 2 à 4 minutes par pancake

4 œufs
1 sachet de sucre vanillé
50 g de sucre
1 sachet de levure chimique
250 g de farine de blé fluide T45
300 ml de lait ribot
Huile (pour la cuisson)

1. Séparez les blancs des jaunes d'œufs.

2. Dans un saladier, versez les jaunes, le sucre vanillé et le sucre, puis fouettez bien. Ajoutez la levure et fouettez de nouveau. Ajoutez la farine en 2 fois en mélangeant bien entre chaque ajout. Ajoutez petit à petit le lait ribot tout en fouettant.

3. Dans un autre saladier, montez les blancs en neige. Incorporez petit à petit les blancs en neige au premier appareil et mélangez délicatement le tout à l'aide d'une maryse.

4. Faites chauffer un peu d'huile dans une poêle à crêpes. Quand elle est bien chaude, versez 1 petite louche de pâte pour former chaque pancake et faites-les cuire 1 à 2 minutes de chaque côté.

Astuce

Les pancakes peuvent être congelés ou conservés sous vide d'air pour en profiter plus longtemps !

AMOUR

Tartines à l'avocat & œufs mollets

Pour 2 tartines
Préparation 10 minutes
Cuisson 6 minutes

2 belles tranches de pain complet
2 œufs
1 avocat
1 c. à soupe de jus de citron vert
1 pincée de piment concassé
2 c. à soupe de ciboulette hachée
Sel, poivre

1. Portez une casserole d'eau salée à ébullition et faites cuire les œufs pendant 6 minutes. Retirez-les œufs de la casserole et plongez-les immédiatement dans un bol d'eau froide pour arrêter la cuisson.

2. Dans un bol, écrasez la chair de l'avocat avec le jus de citron vert, le piment concassé, la ciboulette hachée (réservez-en un peu pour la décoration), le sel et le poivre à l'aide d'une fourchette. Ajustez la texture, plus ou moins lisse, selon vos goûts.

3. Faites griller les tranches de pain au grille-pain ou au four en mode gril, jusqu'à ce qu'elles soient dorées.

4. Étalez la purée d'avocat sur les tranches de pain grillées.

5. Écalez les œufs, puis disposez-les sur les tartines. Coupez-les en deux délicatement pour éviter que le jaune ne s'échappe.

Astuce

Ajoutez 1 cuillerée à soupe de bicarbonate de soude dans l'eau de cuisson des œufs pour faciliter leur écalage !

Une délicieuse tartinade, simple à préparer et idéale pour un brunch ou l'apéro, que mon amie Céline m'a fait découvrir et que j'ai adaptée à ma sauce.

Tartinade de poulet au curry

Pour 4 à 6 personnes
Préparation 15 minutes
Cuisson 10 minutes

2 escalopes de poulet
1 à 2 échalotes
150 g de fromage frais type Madame Loïk®
1 c. à soupe de curry breton (ou curry classique)
Sel, poivre

1. Portez une casserole d'eau légèrement salée à frémissement, puis faites cuire les escalopes de poulet pendant 10 minutes, jusqu'à ce qu'elles soient bien cuites mais restent blanches et tendres. Retirez les escalopes de l'eau et laissez-les refroidir complètement. Une fois refroidies, effilochez-les en petits morceaux.

2. Hachez finement les échalotes. Dans un grand bol, mélangez le fromage frais, le curry, les échalotes, du sel et du poivre.

3. Ajoutez le poulet effiloché au mélange de fromage et d'épices. Mélangez bien le tout pour obtenir une préparation homogène.

4. Servez la tartinade fraîche, accompagnée de chips de sarrasin, de crackers ou de croûtons.

Pour un brunch gourmand.

Croissants Bénédicte

Pour 6 personnes
Préparation 15 minutes
Cuisson 15 minutes

6 œufs
6 tranches de bacon
6 croissants frais
150 g de cheddar râpé
Sel, poivre

Sauce hollandaise
180 g de beurre doux
3 jaunes d'œufs
3 c. à soupe d'eau
1 c. à soupe de vinaigre de vin blanc
1 pincée de sel
1 pincée de poivre

1. Préparez la sauce hollandaise. Faites fondre le beurre. Dans un bol, mélangez les jaunes d'œufs avec l'eau et le vinaigre de vin blanc. Placez le bol sur un bain-marie et fouettez jusqu'à obtenir une consistance légèrement épaisse. Ajoutez progressivement le beurre fondu tout en fouettant. Salez, poivrez et réservez au chaud.

2. Préparez les œufs mollets : plongez-les dans une casserole d'eau bouillante et faites-les cuire 6 minutes. Retirez-les de la casserole, refroidissez-les sous un filet d'eau froide, puis écalez-les délicatement.

3. Dans une poêle, faites griller les tranches de bacon de chaque côté jusqu'à ce qu'elles soient croustillantes.

4. Ouvrez les croissants dans le sens de la longueur. Garnissez-les d'une couche de cheddar râpé, ajoutez 1 tranche de bacon grillé, puis placez 1 œuf mollet au centre. Assaisonnez avec 1 pincée de sel et de poivre. Nappez généreusement chaque croissant de sauce hollandaise et refermez. Bon appétit !

Un incontournable pour un brunch savoureux !

Brioche perdue au fromage frais & saumon fumé

Pour 6 à 8 personnes
Préparation 10 minutes
Cuisson 4 à 6 minutes par tranche

6 à 8 tranches épaisses de brioche (maison ou du commerce)
3 œufs
200 ml de lait
1 à 2 c. à soupe de sucre
150 g de fromage frais à l'ail et fines herbes
6 à 8 tranches de saumon fumé
Sel, poivre
Huile ou beurre (pour la cuisson)

1. Dans un grand bol, fouettez les œufs, le lait et le sucre. Ajoutez 1 pincée de sel pour rehausser les saveurs.

2. Trempez chaque tranche de brioche dans le mélange d'œufs et de lait, en veillant à bien imbiber les deux côtés, mais sans les détremper.

3. Faites chauffer un peu d'huile ou de beurre dans une poêle. Déposez les tranches de brioche 2 à 3 minutes de chaque côté. Elles doivent être bien dorées et légèrement croustillantes.

4. Étalez une couche de fromage frais sur chaque tranche de brioche perdue. Disposez 1 tranche de saumon fumé sur le fromage frais. Poivrez légèrement. Servez immédiatement pour une expérience de brunch parfaite !

Astuce

Pour plus de couleurs et de fraîcheur, parsemez le saumon de quelques herbes ciselées, comme de la ciboulette ou de l'aneth. Ça apporte une jolie touche pour le brunch !

DÉJEUNERS EXPRESS EN SOLO OU À PLUSIEURS

Des tartelettes gourmandes et pratiques, parfaites pour un apéritif ou un brunch. Elles peuvent être préparées à l'avance et réchauffées facilement !

Mini tartelettes au poulet & pesto

Pour 6 tartelettes
Préparation 15 minutes
Cuisson 30 à 35 minutes

1 pâte brisée
150 g de blanc de poulet
Quelques tomates cerises
300 g de fromage blanc
3 œufs
2 c. à soupe de pesto
1 poignée de fromage râpé
Noix de muscade moulue
Sel, poivre

1. Préchauffez le four à 180 °C.

2. Étalez la pâte brisée. À l'aide d'un emporte-pièce de 13 cm de diamètre, découpez 6 disques de pâte. Foncez chaque disque dans un moule à tartelette.

3. Découpez le blanc de poulet en petits morceaux. Coupez les tomates cerises en deux. Dans un bol, mélangez le fromage blanc avec les œufs, 1 pincée de sel, du poivre et 1 pointe de noix de muscade.

4. Étalez une fine couche de pesto sur le fond de chaque tartelette. Répartissez les morceaux de poulet sur le pesto, puis versez le mélange au fromage blanc. Parsemez de fromage râpé et disposez quelques demi-tomates cerises sur chaque tartelette.

5. Enfournez pour 30 à 35 minutes, jusqu'à ce que les tartelettes soient dorées et bien cuites.

HOMEMADE
STYLE
Hand made
Hand made
he natural leaven
land made
and made

Mon père, chef cuisinier, est parti en 2021, alors que je travaillais sur mon premier livre. Adolescente, quand je n'aimais pas ce qu'on me servait à la cantine, je filais le voir dans son restaurant, juste à côté de mon lycée. À la fin de son service, il préparait ce sandwich inoubliable et je le savourais dans la voiture, un moment précieux entre nous. Aujourd'hui, je partage avec vous cette recette qui me ramène à lui, encore et toujours. Ce sandwich est délicieux avec une baguette croustillante ou du pain ciabatta.

Le sandwich de Jürgen

Pour 1 sandwich généreux
Préparation 15 minutes
Cuisson 10 minutes

½ baguette ou 1 pain ciabatta
1 escalope de poulet
1 œuf
2 c. à soupe de chapelure
1 ou 2 c. à soupe de pesto rouge ou vert
125 g de mozzarella ou burrata
1 poignée de roquette
Sel, poivre
Huile d'olive
Crème de balsamique (facultatif)

1. Salez et poivrez l'escalope de poulet. Passez-la dans l'œuf battu, puis dans la chapelure en l'enrobant bien.

2. Faites chauffer un peu d'huile d'olive dans une poêle et faites cuire l'escalope 4 à 5 minutes de chaque côté, jusqu'à ce qu'elle soit dorée et croustillante. Réservez.

3. Coupez le pain en deux dans la longueur et tartinez généreusement l'intérieur de pesto. Garnissez de roquette pour une touche de fraîcheur et de croquant. Déposez l'escalope de poulet panée. Ajoutez des tranches de mozzarella ou des cuillerées de burrata bien crémeuse. Arrosez d'un filet de crème de balsamique.

4. Refermez le sandwich en appuyant légèrement pour bien le maintenir en place.

Envie d'un déjeuner rapide, équilibré et plein de saveurs ?
Ces burritos au thon et fromage frais relevés au curry sont parfaits !
En seulement 10 minutes, vous obtenez un repas frais et gourmand.

Burritos au thon & fromage frais au curry

Pour 2 burritos
Préparation 10 minutes
Cuisson 9 minutes

2 wraps de blé complet
2 œufs
1 tomate
1 échalote
1 petite boîte de thon au naturel
1 avocat mûr
1 filet de jus de citron
2 c. à soupe de fromage frais type Madame Loïk®
1 c. à café de curry
Sel, poivre

1. Portez une casserole d'eau salée à ébullition et faites cuire les œufs pendant 9 minutes. Refroidissez-les dans de l'eau froide, puis écalez-les et coupez-les en petits morceaux. Coupez la tomate en dés. Ciselez finement l'échalote. Égouttez et émiettez le thon.

2. Dans un saladier, écrasez la chair de l'avocat avec le jus de citron à l'aide d'une fourchette. Ajoutez le fromage frais et le curry, puis mélangez bien. Incorporez les œufs durs, du sel et du poivre.

3. Étalez la préparation sur chaque wrap, ajoutez les dés de tomates, le thon et l'échalote. Roulez les wraps bien serrés et coupez-les en deux pour faciliter la dégustation. Bon appétit !

À midi, quand je suis seule, rien de mieux que des petits plats rapides et efficaces ! Ces tartines sont top, prêtes en un clin d'œil et parfaites avec une bonne salade et un peu de balsamique. C'est simple, rapide et toujours gourmand !

Tartines gourmandes

Pour 1 tartine - **Préparation** 5 minutes - **Cuisson** 0 à 5 minutes

BRIE CHAUD, JAMBON SEC & MIEL

1 tranche de pain grillé
Quelques tranches de brie
1 tranche de jambon sec
1 filet de miel

1. Préchauffez le four à 180 °C. Placez les tranches de brie sur le pain et enfournez pour 5 minutes environ, jusqu'à ce que le brie soit fondu.

2. Ajoutez des morceaux de jambon sec.

3. Arrosez d'un filet de miel pour une touche sucrée-salée.

BURRATA, TOMATES CONFITES & PESTO ROSSO

1 tranche de pain grillé
1 burrata (150 g)
2 tomates confites
1 à 2 c. à soupe de pesto rosso

1. Préchauffez le four à 180 °C. Disposez des noix de burrata sur le pain. Enfournez pour 5 minutes environ jusqu'à ce que la burrata commence à fondre.

2. Ajoutez les tomates confites.

3. Terminez par une touche de pesto pour une saveur méditerranéenne.

Astuce

Ces tartines sont idéales pour accompagner vos soupes et veloutés.

Brie chaud, jambon sec & miel

Burrata, tomates confites & pesto rosso

BRIE CHAUD & CONFITURE DE CERISES

1 tranche de pain grillé • Quelques tranches de brie • 1 ou 2 c. à café de confiture de cerises

1. Préchauffez le four à 180 °C. Placez les tranches de brie sur le pain et enfournez pour 5 minutes environ, jusqu'à ce que le brie soit bien fondu.

2. Ajoutez 1 cuillerée à café de confiture de cerises pour une touche sucrée et acidulée.

ROQUEFORT, POIRE & NOIX

1 tranche de pain grillé • ½ poire • Quelques cerneaux de noix • 1 ou 2 tranches de roquefort

1. Coupez la poire en tranches. Concassez grossièrement les noix.

2. Étalez le roquefort sur la tranche de pain grillé. Disposez les tranches de poire sur le roquefort. Parsemez de noix pour un contraste de textures.

Brie chaud & confiture de cerises

Roquefort, poire & noix

Née dans le sud de la France, avec un papa aux origines allemandes et marocaines, je n'aurais jamais imaginé m'installer en Bretagne un jour ! Mais il y a quatre ans, le travail de mon mari nous a menés ici et nous sommes tombés amoureux de cette région, de ses paysages et de sa culture. Depuis, les galettes et les crêpes reviennent régulièrement à notre table, en version salée comme sucrée. Il était évident pour moi d'inclure cette recette dans mon livre, en hommage à notre vie bretonne et à ces plaisirs simples qui rassemblent.

Galettes complètes

Pour 10 galettes environ
Préparation 10 minutes
Repos 1 heure
Cuisson 3 à 5 minutes par galette

Pâte

350 g de farine de sarrasin
10 g de sel
75 cl d'eau froide
1 œuf
Beurre salé (pour la cuisson et la finition)

Garniture

10 belles tranches de jambon blanc
500 g de cantal râpé
10 œufs

1. Dans un saladier, mélangez la farine et le sel. Versez progressivement l'eau froide tout en remuant pour obtenir un mélange homogène. Ajoutez l'œuf et fouettez jusqu'à ce qu'il soit parfaitement incorporé. Couvrez et laissez reposer la pâte pendant 1 heure au réfrigérateur pour des galettes plus légères.

2. Faites fondre 1 petite noisette de beurre salé dans une poêle à crêpes, puis versez 1 louche de pâte. Faites cuire chaque galette pendant 1 minute à 1 min 30 de chaque côté, jusqu'à ce qu'elle soit bien dorée.

3. Pour une version jambon-fromage roulée : quand les galettes sont encore tièdes, ajoutez 1 tranche de jambon blanc et un peu de cantal râpé, puis roulez la galette. Découpez-la rondelles : idéal pour un apéro ou un en-cas.

4. Pour une version œuf-jambon-fromage traditionnelle : pendant la cuisson de la galette, juste après l'avoir retournée, cassez 1 œuf au centre, ajoutez 1 tranche de jambon et parsemez de cantal râpé. Rabattez les bords vers le centre pour plier la galette en carré. Laissez cuire jusqu'à ce que le fromage soit fondu et que l'œuf soit cuit à votre goût. Juste avant de servir, faites fondre un peu de beurre salé et badigeonnez la surface de chaque galette à l'aide d'un pinceau.

Astuce

Traditionnellement, la cuisson se fait sur un bilig, mais en attendant de maîtriser cette technique, j'utilise une poêle à crêpes !

Bo bun aux crevettes

Pour 8 personnes
Préparation 20 minutes
Cuisson 10 minutes

8 nems
400 g de vermicelles de riz
2 concombres, coupés en fines lamelles
4 carottes
100 g de cacahuètes ou de noix de cajou
1 bouquet de menthe
600 g de crevettes cuites et décortiquées
8 c. à soupe de sauce soja sucrée
Poivre

1. Préchauffez le four et faites cuire les nems selon les instructions du paquet, jusqu'à ce qu'ils soient bien dorés et croustillants. Coupez-les en 2 ou en 3 morceaux.

2. Portez un grand volume d'eau à ébullition, puis faites cuire les vermicelles de riz le temps indiqué sur le paquet (généralement 3 à 5 minutes). Égouttez-les et rincez-les immédiatement à l'eau froide pour stopper la cuisson. Réservez.

3. Coupez les concombres en fines lamelles. Râpez les carottes ou taillez-les en julienne. Concassez grossièrement les cacahuètes ou les noix de cajou. Hachez grossièrement les feuilles de menthe.

4. Dans un grand plat ou des bols individuels, disposez les vermicelles de riz, puis ajoutez les crevettes, les concombres, les carottes et les morceaux de nems. Arrosez de sauce soja sucrée, ajoutez 1 pincée de poivre, puis parsemez de cacahuètes ou de noix de cajou et de menthe.

5. Servez immédiatement pour profiter du croquant des nems, de la fraîcheur des légumes et de la touche de menthe.

Salade jar au jambon de Parme, parmesan & pâtes complètes

Pour 1 personne
Préparation 10 minutes
Cuisson 10 minutes

1 poignée de tomates cerises
Quelques cœurs de palmier
2 tranches de jambon de Parme
80 g de pâtes au blé complet, cuites et refroidies
1 c. à soupe de parmesan râpé ou en copeaux
1 petite poignée de roquette

Sauce balsamique au miel
3 c. à soupe d'huile d'olive
1 c. à soupe de vinaigre balsamique
1 c. à café de miel
Sel, poivre

1. Faites cuire les pâtes dans de l'eau bouillante salée le temps indiqué sur le paquet. Égouttez, rincez à l'eau froide et égouttez bien de nouveau.

2. Préparez la sauce : dans un bol, versez l'huile d'olive, le vinaigre balsamique, le miel, du sel et du poivre, et mélangez pour bien émulsionner.

3. Coupez les tomates cerises en deux. Tranchez les cœurs de palmier en rondelles. Coupez le jambon en morceaux.

4. Dans un grand bocal, versez la sauce. Ajoutez dans l'ordre les tomates cerises, les cœurs de palmier, les pâtes au blé complet, le jambon de Parme et le parmesan. Terminez par la roquette sur le dessus pour garder sa fraîcheur. Fermez le bocal et conservez au frais jusqu'au moment de déguster.

5. Avant de manger la salade, secouez bien le bocal pour répartir la sauce.

Voici ma version de la recette virale de l'omelette wrap ! C'est une véritable obsession chez moi. J'en mange pratiquement tous les jours où je suis seule. C'est une recette simple, rapide et délicieuse.

Omelette wrap

Pour 1 personne
Préparation 5 minutes
Cuisson 7 minutes

1 wrap au blé complet
1 tomate côtelée bien mûre
½ avocat bien mûr
2 œufs
1 poignée de cheddar râpé
2 pincées de piment de Cayenne (facultatif)
1 filet de crème de balsamique
1 c. à soupe d'huile d'olive
Sel, poivre

1. Coupez la tomate et la chair de l'avocat en lamelles.

2. Dans un bol, cassez les œufs. Ajoutez 1 pincée de sel et 2 pincées de poivre, puis battez-les en omelette. Incorporez le cheddar râpé et mélangez bien.

3. Faites chauffer l'huile d'olive à feu moyen dans une poêle antiadhésive. Versez les œufs battus et faites-les cuire 2 à 3 minutes.

4. Placez le wrap directement sur l'omelette et laissez cuire 1 minute supplémentaire. Retournez l'ensemble et faites cuire encore 2 minutes.

5. Mettez le tout dans une assiette, omelette vers le haut. Garnissez une moitié de l'omelette de lamelles de tomate. Salez et poivrez légèrement. Ajoutez les morceaux d'avocat, saupoudrez-les de piment de Cayenne et arrosez le tout d'un filet de crème de balsamique. Rabattez la seconde moitié de l'omelette sur la garniture pour fermer le wrap.

DÎNERS EN FAMILLE

Saumon au soja, miel & sésame

Pour 8 personnes
Préparation 15 minutes
Repos 1 heure minimum
Cuisson 20 minutes

8 pavés de saumon

Marinade
1 citron non traité
1 citron vert non traité
10 g de gingembre frais
12 brins de coriandre
30 ml de sauce d'huître
150 ml de sauce soja sucrée
100 g de miel
50 ml d'huile de sésame

1. Préparez la marinade. Zestez et pressez les citrons. Épluchez et hachez le gingembre. Hachez les feuilles de coriandre. Dans un grand saladier, mélangez bien le zeste et le jus des citrons, le gingembre, la coriandre, la sauce d'huître, la sauce soja, le miel et l'huile de sésame.

2. Disposez les pavés de saumon dans 1 ou 2 plats, versez la marinade dessus, couvrez avec du film alimentaire ou, pour un meilleur résultat, mettez sous vide. Laissez mariner au moins 1 heure au réfrigérateur.

3. Préchauffez le four à 220 °C en chaleur tournante. Retirez le film alimentaire des plats de saumon et enfournez pour 20 minutes.

4. Servez le saumon avec du riz basmati et du brocoli pour un repas équilibré et savoureux.

Une recette de tajine de boulettes que je tiens de ma maman.

Tajine de boulettes

Pour 6 à 8 personnes
Préparation 20 minutes
Cuisson 40 minutes

Boulettes
1 kg de viande de bœuf hachée 5 % MG
½ oignon rouge
Quelques feuilles de coriandre
1 pincée de poivre
1 c. à café de sel

Légumes
1 kg de carottes
6 à 8 pommes de terre
2 citrons confits
½ oignon rouge
150 g d'olives vertes dénoyautées
265 g de petits pois en conserve
3 à 4 c. à soupe d'huile d'olive

Épices, herbes et condiments
2 c. à café de sel
1 pincée de poivre
2 c. à café d'épices à tajine
1 dose de safran
Quelques feuilles de coriandre

1. Préparez les boulettes. Hachez l'oignon et ciselez la coriandre. Dans un saladier, placez tous les ingrédients puis malaxez jusqu'à obtenir un mélange homogène. Formez des boulettes à l'aide d'une cuillère à glace, puis réservez.

2. Préparez les légumes. Lavez et épluchez les carottes et les pommes de terre. Coupez les carottes en six, et les pommes de terre et les citrons confits en deux. Hachez l'oignon.

3. Dans un plat à tajine, faites chauffer de l'huile d'olive, puis faites revenir l'oignon à feu doux pendant 5 minutes en remuant régulièrement. Ajoutez les boulettes et faites-les dorer 4 à 5 minutes, puis retirez-les du plat.

4. Dans le plat à tajine, ajoutez les carottes, les pommes de terre, les citrons confits et les olives, le sel, le poivre, les épices à tajine, le safran et 1 petit verre d'eau. Mélangez le tout, puis remettez les boulettes dans le plat. Couvrez et faites cuire 30 à 35 minutes à feu moyen, jusqu'à ce que les pommes de terre soient fondantes.

5. À la fin de la cuisson, ajoutez les petits pois et prolongez la cuisson de 2 minutes. Parsemez de feuilles de coriandre avant de servir.

Ces brochettes de bœuf et fromage façon yakitori, c'est une vraie obsession chez nous ! Ultra fondantes, hyper gourmandes, elles mettent tout le monde d'accord. Le gros plus ? On peut les préparer à l'avance et les cuire minute pour un effet waouh garanti. Rapide, simple et délicieux... Si vous voulez épater famille et amis, c'est LA recette à tester d'urgence !

Brochettes bœuf & fromage

Pour 12 brochettes
Préparation 10 minutes
Repos 1 heure
Cuisson 5 minutes

220 g d'emmental
200 g de carpaccio de bœuf
Graines de sésame

Marinade
125 ml de sauce soja sucrée
60 ml de sauce teriyaki
2 grosses c. à soupe de miel

1. Dans un bol, mélangez la sauce soja, la sauce teriyaki et le miel jusqu'à obtenir une marinade homogène.

2. Coupez l'emmental en bâtonnets longs et fins. Enroulez délicatement 1 tranche de carpaccio autour de chaque bâtonnet de fromage. Insérez 1 pique à brochette le long du bâtonnet de fromage, en passant à l'intérieur du rouleau de bœuf pour maintenir l'ensemble bien en place.

3. Placez les brochettes dans un récipient couvert ou dans un contenant sous vide d'air, puis versez la marinade. Laissez mariner 1 heure environ au réfrigérateur pour que les brochettes s'imprègnent bien des saveurs.

4. Faites chauffer un gril ou une poêle, puis faites cuire les brochettes pendant quelques minutes, en les surveillant bien car la cuisson est très rapide. Saupoudrez de graines de sésame en fin de cuisson pour ajouter du croquant.

Quenelles sauce aurore

Pour 6 à 8 personnes
Préparation 15 minutes
Cuisson 35 à 40 minutes

12 quenelles nature
100 g de mozzarella râpée
Huile ou beurre (pour le plat)

Sauce aurore
80 g de beurre demi-sel
80 g de farine de blé
1 litre de lait demi-écrémé
3 c. à soupe de concentré de tomates
1 c. à café de sel
1 pincée de poivre
2 pincées de noix de muscade

1. Dans une casserole, préparez la sauce en réalisant un roux : faites fondre le beurre, puis ajoutez la farine et mélangez bien. Laissez cuire quelques instants jusqu'à ce que le mélange épaississe légèrement.

2. Ajoutez progressivement le lait en remuant constamment pour éviter les grumeaux, puis incorporez le concentré de tomates, le sel, le poivre et la noix de muscade. Continuez à cuire en mélangeant jusqu'à ce que la sauce épaississe.

3. Préchauffez le four à 180 °C. Graissez un grand plat à gratin (les quenelles gonflent à la cuisson).

4. Étalez un peu de sauce au fond du plat. Disposez les quenelles dans le plat, puis recouvrez-les avec le reste de sauce. Parsemez le dessus de mozzarella râpée.

5. Enfournez pour 35 à 40 minutes, jusqu'à ce que les quenelles soient bien dorées et gonflées.

Patates douces rôties

Pour 6 à 8 personnes
Préparation 15 minutes
Cuisson 40 à 45 minutes

1,5 kg de patates douces
1 quantité généreuse de parmesan râpé
4 gousses d'ail
2 à 3 c. à soupe de thym séché
Huile d'olive
Sel, poivre

1. Préchauffez le four à 200 °C.

2. Lavez et épluchez les patates douces, puis coupez-les en deux dans le sens de la longueur.

3. Badigeonnez d'huile d'olive une plaque recouverte de papier cuisson. Saupoudrez généreusement de thym. Puis saupoudrez des lignes de parmesan correspondant à la longueur de chaque demi-patate douce et posez-les dessus, côté coupé sur le parmesan. Veillez à laisser un espace entre chaque demi-patate douce.

4. Dans un bol, mélangez 4 cuillerées à soupe d'huile d'olive, les gousses d'ail hachées, du sel, du poivre et du thym. À l'aide d'un pinceau, badigeonnez les patates douces de cette marinade.

5. Enfournez pour 40 à 45 minutes, jusqu'à ce que les patates soient dorées et tendres.

Cette recette, c'est un vrai défi lancé par Elena ! Franchement, un burger au poisson ? Au début, je ne comprenais pas... Pourquoi faire ça ? C'était l'inconnu total pour moi. Mais Elena adore ça et m'a convaincue d'essayer. Alors j'ai testé, j'ai validé et, surtout, j'ai perfectionné la recette pour en faire une vraie pépite. Si vous aussi vous vous demandez pourquoi mettre du poisson dans un burger, testez cette recette et vous comprendrez !

Fish burger

Pour 8 personnes
Préparation 20 minutes
Cuisson 15 minutes

8 buns (pains à hamburger)
8 filets de cabillaud (environ 100 g chacun)
8 tranches de cheddar spécial burger
Sel, poivre
Huile de tournesol, pour la cuisson

Panure
100 g de farine
2 œufs
200 g de chapelure

Sauce tartare
100 g de mayonnaise
4 cornichons hachés finement
1 c. à soupe de jus de citron
1 c. à café de moutarde
1 c. à soupe de persil haché (facultatif)
Sel, poivre

1. Salez et poivrez les filets de cabillaud. Préparez 3 assiettes creuses : une avec la farine, une avec les œufs battus et une avec la chapelure. Passez chaque filet dans la farine, puis dans les œufs battus et enfin dans la chapelure pour bien les enrober.

2. Faites chauffer une poêle à feu moyen avec 2 à 3 cuillerées à soupe d'huile de tournesol. Déposez les filets dans l'huile chaude et faites cuire 3 à 4 minutes de chaque côté, jusqu'à ce qu'ils soient bien dorés et croustillants. Égouttez-les sur du papier absorbant.

3. Préparez la sauce tartare : dans un bol, mélangez la mayonnaise, les cornichons hachés, le jus de citron, la moutarde et le persil. Salez et poivrez.

4. Étalez 1 cuillerée de sauce tartare sur la base de chaque bun. Déposez un filet de poisson pané, puis 1 tranche de cheddar. Refermez avec le dessus du bun et servez immédiatement accompagné de frites ou d'une salade.

Poulet cajun à ma façon

Pour 6 à 8 personnes
Préparation 10 minutes
Cuisson 20 minutes

1,5 kg de filets de poulet
1 oignon rouge
4 c. à soupe d'huile d'olive
2 c. à café d'épices cajun
350 ml de crème liquide
Sel, poivre

1. Coupez les filets de poulet en aiguillettes. Pelez l'oignon rouge et émincez-le finement.

2. Dans une poêle, faites chauffer l'huile d'olive à feu moyen. Ajoutez l'oignon et les épices cajun, puis faites revenir à feu doux pendant 3 à 4 minutes jusqu'à ce que l'oignon soit translucide.

3. Ajoutez les aiguillettes de poulet et faites-les cuire en remuant régulièrement jusqu'à ce qu'elles soient bien dorées et cuites à cœur.

4. Incorporez la crème liquide, salez et poivrez selon votre goût. Laissez mijoter à feu doux pendant quelques minutes, jusqu'à ce que la sauce soit bien chaude et légèrement épaissie.

5. Servez avec du riz ou des pâtes. Bon appétit !

Chez nous, le maître Sushi, c'est Damien ! Après plusieurs années d'expérience dans un sushi bar, il m'a initiée à l'art du sushi, et aujourd'hui, je suis fière de les préparer maison. Alors, voici une recette aussi gourmande que ludique : les sushi donuts !

Sushis donuts

Pour 8 donuts
Préparation 20 minutes
Repos 4 heures minimum (idéalement 1 nuit)
Cuisson selon les instructions du paquet de riz

350 g de riz à sushi
130 ml de vinaigre de riz
Huile de sésame ou de tournesol
1 concombre
2 avocats mûrs
Jus de citron
2 pavés de saumon frais
Wasabi (facultatif)
Graines de sésame doré ou noir
Sauce soja sucrée ou salée
Gingembre mariné

1. Faites cuire le riz à sushi selon les instructions du paquet. Assaisonnez-le avec le vinaigre de riz.

2. Placez un moule à donuts sur une plaque, puis huilez légèrement les empreintes avec de l'huile de sésame ou de tournesol. Tassez le riz cuit dans chaque empreinte du moule. Réservez 4 heures minimum au réfrigérateur, idéalement toute une nuit.

3. Après ce temps de repos, lavez le concombre et coupez-le en deux dans la longueur, puis détaillez-le en fines lamelles. Coupez la chair des avocats en fines lamelles et arrosez-les de jus de citron pour éviter qu'ils noircissent. Tranchez les pavés de saumon frais en fines lamelles.

4. Démoulez délicatement les donuts de riz. Appliquez une fine couche de wasabi sur le dessus, si vous le souhaitez.

5. Disposez joliment les ingrédients : placez des lamelles de saumon frais sur un quart du donut, des lamelles d'avocat sur un autre, des tranches de concombre sur un autre et saupoudrez le dernier quart de graines de sésame.

6. Servez avec de la sauce soja sucrée ou salée et du gingembre mariné.

Cabillaud au chorizo & poivrons

Pour 8 personnes
Préparation 20 minutes
Cuisson 30 minutes

8 filets de cabillaud
1 poivron rouge
1 poivron jaune
1 chorizo (doux, moyen ou fort, selon votre préférence)
400 ml de crème liquide
1 c. à café de paprika
1 pincée de piment d'Espelette
Sel, poivre
Huile d'olive (pour la cuisson)

1. Faites cuire le cabillaud à l'eau ou à la vapeur pendant 10 minutes environ, jusqu'à ce qu'il soit tendre et bien cuit.

2. Lavez les poivrons, épépinez-les et coupez-les en fines lanières. Dans une poêle, faites chauffer un peu d'huile à feu moyen et faites revenir les poivrons pendant 5 à 7 minutes, jusqu'à ce qu'ils soient tendres mais encore légèrement croquants. Réservez-les dans un bol.

3. Coupez les trois quarts du chorizo en dés et le dernier quart en rondelles. Dans une casserole, sur feu moyen, faites chauffer un peu d'huile et faites revenir les dés de chorizo. Ajoutez la crème liquide, le paprika, le piment d'Espelette, du sel et du poivre, remuez et faites cuire à feu doux en mélangeant régulièrement jusqu'à ce que la sauce réduise légèrement. Goûtez et ajustez l'assaisonnement à votre goût.

4. Préchauffez le four à 180 °C. Disposez les rondelles de chorizo sur une plaque de four et enfournez pendant 5 à 7 minutes, jusqu'à ce qu'elles soient bien croustillantes.

5. Dans chaque assiette, disposez un morceau de cabillaud et recouvrez-le généreusement de la sauce au chorizo. Ajoutez les poivrons sautés sur le côté et les rondelles de chorizo grillées pour le croquant et la texture. Servez avec du riz basmati.

Crevettes à la provençale

Pour 6 à 8 personnes
Préparation 5 minutes
Cuisson 8 à 10 minutes

1,5 kg de crevettes crues décortiquées
3 gousses d'ail
Quelques brins de persil
1 pincée de piment de Cayenne
200 g de tomates concassées
4 c. à soupe d'huile d'olive
Sel, poivre

1. Pelez et hachez les gousses d'ail. Hachez le persil.

2. Dans une poêle, faites chauffer l'huile d'olive à feu moyen. Ajoutez les crevettes, l'ail, le persil, le piment de Cayenne, salez et poivrez. Faites revenir les crevettes pendant 3 à 4 minutes, jusqu'à ce qu'elles soient bien roses.

3. Incorporez les tomates concassées. Laissez mijoter à feu doux pendant 5 minutes environ pour permettre aux saveurs de se mélanger. Goûtez et rectifiez l'assaisonnement si nécessaire.

4. Servez avec du riz ou des pâtes.

Poulet tomate & cacahuète

Pour 6 personnes
Préparation 15 minutes
Cuisson 25 minutes

1,5 kg de filets de poulet
2 oignons rouges
1 c. à café de sel
2 pincées de poivre
1 c. à café d'ail en poudre
1 c. à café de gingembre en poudre
400 g de tomates concassées
400 ml de crème liquide
2 c. à soupe de beurre de cacahuète
4 c. à soupe d'huile d'olive
Quelques cacahuètes hachées (pour la décoration)

1. Émincez les filets de poulet en aiguillettes. Pelez les oignons et émincez-les.

2. Dans une poêle, sur feu moyen, faites chauffer l'huile et faites revenir les oignons pendant 3 à 4 minutes. Ajoutez le poulet, le sel, le poivre, l'ail et le gingembre. Faites cuire 10 minutes à feu moyen, en remuant pour que les morceaux de poulet soient bien dorés et cuits à cœur.

3. Ajoutez les tomates concassées et la crème. Mélangez bien. Incorporez le beurre de cacahuète en remuant jusqu'à ce qu'il soit bien fondu. Laissez mijoter à feu moyen pendant 4 à 5 minutes, en remuant régulièrement.

4. Servez chaud avec des cacahuètes hachées en décoration.

Astuce

Servez ce poulet et sa sauce avec du riz basmati ou une purée de patates douces.

À la recherche d'une idée simple, rapide et ultra gourmande pour un apéro dînatoire ? Cette recette est faite pour vous ! Un bon camembert coulant dans une boule de pain dorée au four, des morceaux à détacher et à tremper... c'est le combo parfait. Chez nous, on l'adore : petit budget, maxi effet waouh et succès garanti à chaque fois.

Pain au camembert fondant

Pour 4 à 6 personnes
Préparation 10 minutes
Cuisson 20 minutes

1 boule de pain entière
1 camembert
3 à 4 c. à soupe de sirop d'érable
1 grosse pincée de thym

1. Préchauffez le four à 180 °C.

2. Prenez le pain et découpez un chapeau du même diamètre que le camembert. Creusez la mie pour obtenir un espace suffisant pour placer le camembert.

3. Réalisez des entailles légères à la surface du camembert. Placez le camembert à l'intérieur du pain.

4. Déposez le tout sur une grille de four recouverte de papier cuisson. Faites des entailles sur tout le tour du pain pour permettre de détacher facilement des morceaux après cuisson.

5. Versez le sirop d'érable sur le camembert et saupoudrez-le de thym.

6. Enfournez pour 20 minutes, jusqu'à ce que le pain soit doré et croustillant et que le camembert soit fondant.

7. Servez en détachant des morceaux de pain à tremper directement dans le camembert fondu.

GOÛTERS POUR LES GOURMANDS

Barres de riz soufflé & chocolat

Pour 14 barres
Préparation 15 minutes
Repos 30 minutes
Cuisson 5 minutes

180 g de chocolat blanc pâtissier
3 c. à soupe d'huile de pépins de raisin
100 g de riz soufflé
2 c. à soupe de cacao en poudre non sucré
200 g de chocolat noir 55 %

1. Faites fondre le chocolat blanc au bain-marie. Hors du feu, ajoutez 2 cuillerées à soupe d'huile de pépins de raisin et mélangez bien. Versez 1 cuillerée à soupe de ce mélange dans chaque empreinte d'un moule à bûchettes. Tapotez le moule pour répartir uniformément le chocolat, puis réservez.

2. Dans un saladier, mélangez le riz soufflé et le cacao non sucré.

3. Faites fondre le chocolat noir au bain-marie. Hors du feu, ajoutez 1 cuillerée à soupe d'huile de pépins de raisin et mélangez énergiquement. Versez sur le riz soufflé et le cacao. Mélangez bien pour que le chocolat enrobe le riz soufflé.

4. Répartissez cette préparation dans les empreintes du moule en tassant bien. Laissez reposer 30 minutes au réfrigérateur avant de déguster ces barres croustillantes et gourmandes !

Briochettes aux myrtilles

Pour 12 briochettes
Préparation 30 minutes
Repos 1 h 40
Cuisson 25 minutes

Crème pâtissière
1 gousse de vanille
500 ml de lait entier
70 g de sucre
2 jaunes d'œufs
2 œufs
50 g de farine de blé T45

Brioche
500 g de farine de blé T45
70 g de sucre
3 œufs
150 ml de lait tiède (37 °C)
1 sachet de préparation pour pâte briochée (ou 1 sachet de levure de boulanger sèche)
150 g de beurre doux
250 g de myrtilles
2 jaunes d'œufs (pour la dorure)
Sucre glace

1. Réalisez la crème pâtissière. Fendez la gousse de vanille dans la longueur pour récupérer les graines. Dans une casserole, faites chauffer le lait avec la gousse de vanille et les graines, sans le faire bouillir. Laissez infuser 1 heure hors du feu.

2. Dans un saladier, fouettez le sucre, les jaunes d'œufs et les œufs jusqu'à ce que le mélange blanchisse. Incorporez peu à peu la farine jusqu'à obtenir un mélange homogène.

3. Retirez la gousse de vanille de la casserole et portez le lait vanillé à ébullition. Versez peu à peu le lait dans le saladier tout en fouettant. Lavez et séchez la casserole, puis reversez-y la crème. Chauffez sur feu doux pendant 2 à 3 minutes en fouettant constamment. Versez la crème dans un plat, filmez au contact et laissez refroidir au frais.

4. Préparez la pâte à brioche. Dans le bol d'un robot muni du crochet, versez la farine, le sucre, les œufs, le lait tiède et la préparation pour pâte briochée (ou la levure de boulanger). Pétrissez pendant 7 minutes. Ajoutez le beurre coupé en dés et pétrissez encore 10 minutes. Formez une boule, couvrez la pâte et laissez reposer 1 heure à température ambiante.

5. Dégazez la pâte en appuyant dessus pour faire échapper l'air, puis divisez-la en 12 boules. Déposez-les sur 2 plaques recouvertes de papier cuisson ou d'une toile de cuisson. Laissez reposer 40 minutes à température ambiante sous un torchon.

6. Préchauffez le four à 180 °C. Avec le fond d'un verre, formez un creux au milieu de chaque boule.

7. Sortez la crème pâtissière du réfrigérateur et détendez-la à l'aide d'un fouet. Dans chaque creux de brioche, déposez 1 belle cuillerée à soupe de crème pâtissière, puis répartissez les myrtilles par-dessus. À l'aide d'un pinceau, badigeonnez les brioches de jaunes d'œufs battus. Enfournez pour 25 minutes.

8. À la sortie du four, laissez refroidir et saupoudrez de sucre glace.

Astuce

Vous pouvez préparer la crème pâtissière la veille et la conserver au frais.

Madeleines au citron & coque en chocolat blanc

Pour 20 madeleines
Préparation 20 minutes
Repos 1 nuit + 30 minutes
Cuisson 8 à 10 minutes

Pâte à madeleines
120 g de beurre demi-sel
2 grosses c. à soupe de miel
2 œufs
65 g de farine de blé
60 g de Maïzena®
1 grosse c. à café de levure chimique
80 g de sucre
Le zeste de 1 citron jaune râpé
Le zeste de 1 citron vert râpé

Coques et décoration
200 g de chocolat blanc pâtissier
Spray de nappage neutre (facultatif)

1. La veille, préparez la pâte à madeleines. Faites fondre le beurre avec le miel. Ajoutez les œufs, la farine, la Maïzena®, la levure et le sucre, puis mélangez énergiquement jusqu'à obtenir une pâte homogène. Incorporez les zestes des citrons, puis mélangez bien.

2. Placez le moule à madeleines sur une plaque de cuisson perforée. À l'aide d'une poche à douille, remplissez les empreintes du moule avec la pâte. Placez le moule au réfrigérateur et laissez reposer toute la nuit.

3. Le jour J, préchauffez le four à 220 °C. Enfournez les madeleines et baissez immédiatement la température à 200 °C. Laissez cuire pendant 8 à 10 minutes, jusqu'à ce qu'elles soient dorées. À la sortie du four, laissez les madeleines refroidir avant de les démouler. Nettoyez et séchez le moule à madeleines.

4. Réalisez les coques en chocolat blanc. Faites fondre le chocolat blanc au bain-marie. Placez le moule à madeleines sur une plaque de cuisson, puis versez une fine couche de chocolat fondu dans le fond des empreintes du moule. Tapotez légèrement la plaque sur le plan de travail pour bien répartir le chocolat.

5. Replacez les madeleines refroidies dans le moule, en appuyant légèrement pour que le chocolat blanc adhère bien et forme une coque. Placez 30 minutes au réfrigérateur pour que le chocolat fige.

6. Démoulez les madeleines avec leur coque en chocolat blanc et vaporisez-les de nappage neutre pour les faire briller si vous le souhaitez.

MA
JOIE

Clafoutis aux cerises

Pour 6 à 8 personnes
Préparation 15 minutes
Cuisson 40 minutes

600 g de cerises lavées et équeutées
100 g de farine de blé T45
50 g de sucre
1 sachet de sucre vanillé
4 œufs
200 ml de lait entier
30 g de beurre demi-sel fondu + 10 g pour le moule
2 c. à soupe de cassonade

1. Préchauffez le four à 180 °C en chaleur tournante.

2. Dans un saladier, versez la farine, le sucre, le sucre vanillé et les œufs, puis fouettez jusqu'à obtenir un mélange homogène. Ajoutez le lait et fouettez de nouveau. Incorporez le beurre fondu et fouettez jusqu'à ce que le mélange soit bien homogène. Réservez la pâte.

3. Beurrez le moule à gâteau, puis saupoudrez 1 grosse cuillerée à soupe de cassonade dans le fond. Disposez joliment les cerises (je conserve les noyaux), puis versez délicatement la pâte par-dessus.

4. Enfournez pour 40 minutes. À la sortie du four, saupoudrez 1 grosse cuillerée à soupe de cassonade sur le clafoutis.

Astuce

Pour une saveur plus intense, vous pouvez remplacer les cerises fraîches par des cerises amarena égouttées.

Cookies

Pour 8 à 10 cookies - **Préparation** 20 minutes -
Repos 30 minutes **Cuisson** 17 à 21 minutes

Astuce

Disposez les boules de cookies sur une plaque au congélateur jusqu'à ce qu'elles soient bien dures, puis transférez-les dans un sachet de conservation. Enfournez-les congelés en ajoutant 3 à 4 minutes de cuisson.

MARBRÉS

115 g de beurre aux cristaux de sel mou
80 g de cassonade
1 sachet de sucre vanillé
1 œuf
225 g de farine de blé T45
1 sachet de levure chimique
80 g de chocolat noir mixé

1. Dans un saladier, mélangez le beurre mou, la cassonade et le sucre vanillé à l'aide d'une fourchette. Ajoutez l'œuf et mélangez bien. Ajoutez la farine et la levure, puis pétrissez jusqu'à obtenir une boule de pâte homogène.

2. Divisez la pâte en deux. Dans 1 portion de pâte, ajoutez le chocolat mixé, puis pétrissez jusqu'à obtenir une boule bien homogène.

3. Formez 16 boules de pâte : 8 nature (vanillées) et 8 chocolatées. Afin d'obtenir un effet marbré, assemblez 1 boule nature et 1 boule chocolatée en les roulant délicatement ensemble entre vos mains pour les mélanger légèrement, sans trop les fusionner.

4. Disposez les boules sur 2 plaques recouvertes de papier cuisson ou d'une toile de cuisson, en les espaçant bien. Placez 30 minutes au réfrigérateur.

5. Préchauffez le four à 150 °C en chaleur tournante. Enfournez pour 21 minutes. À la sortie du four, laissez les cookies refroidir avant de les retirer de la plaque.

PÉCAN-CHOCOLAT

115 g de beurre aux cristaux de sel mou
50 g de cassonade
1 œuf
1 sachet de sucre vanillé
220 g de farine T45
1 sachet de levure chimique
200 g de chocolat noir coupé en gros éclats

Noix de pécan caramélisées
120 g de sucre
140 g de noix de pécan
40 g de beurre demi-sel

1. Faites chauffer le sucre à feu doux jusqu'à obtenir un caramel clair. Ajoutez le beurre, mélangez, puis ajoutez les noix de pécan. Mélangez et laissez caraméliser. Étalez les noix sur une plaque recouverte de papier cuisson et laissez refroidir.

2. Mélangez le beurre mou et la cassonade. Incorporez l'œuf et le sucre vanillé. Ajoutez la farine et la levure, puis pétrissez jusqu'à obtenir une pâte homogène. Ajoutez les trois quarts des noix de pécan concassées et les éclats de chocolat.

3. Formez 10 boules de pâte et disposez-les sur 2 plaques recouvertes de papier cuisson ou d'une toile de cuisson, en les espaçant bien. Placez 30 minutes au réfrigérateur.

4. Préchauffez le four à 150 °C en chaleur tournante. Enfournez pour 21 minutes. Laissez les cookies tiédir avant de les décoller de la plaque.

5. Décorez les cookies avec les morceaux de noix de pécan restants.

Cookies marbrés

Cookies pécan-chocolat

PISTACHE

115 g de beurre aux cristaux de sel mou • 70 g de cassonade • 1 œuf • 1 sachet de sucre vanillé • 220 g de farine T45 • 1 sachet de levure chimique • 2 c. à soupe de pâte de pistache • 100 g de pistaches concassées • Crème de pistaches • Quelques pistaches concassées • Coulis de framboise

1. Mélangez le beurre mou et la cassonade à l'aide d'une fourchette. Incorporez l'œuf et le sucre vanillé, puis la farine et la levure. Pétrissez jusqu'à obtenir une pâte homogène. Ajoutez la pâte de pistaches et les pistaches.

2. Formez 10 boules de pâte et disposez-les sur 2 plaques recouvertes de papier cuisson ou d'une toile de cuisson, en les espaçant bien. Placez 30 minutes au réfrigérateur.

3. Préchauffez le four à 150 °C en chaleur tournante. Enfournez pour 21 minutes. Laissez-les tiédir avant de les décoller de la plaque. Décorez les cookies avec une touche de crème de pistache, de coulis de framboise et quelques pistaches concassées.

CHOCOLAT-NOISETTES

100 g de noisettes • 115 g de beurre aux cristaux de sel mou • 50 g de cassonade • 1 sachet de sucre vanillé • 1 œuf • 220 g de farine T45 • 1 sachet de levure chimique • 200 g de chocolat noir pâtissier coupé en gros éclats • Pâte à tartiner Nocciolata® bianca • Praliné noisette

1. Préchauffez le four à 180 °C. Étalez les noisettes sur une plaque et enfournez-les pour 10 minutes, jusqu'à ce qu'elles soient torréfiées. Laissez-les refroidir, puis frottez-les dans un torchon pour retirer leur peau. Concassez 80 g.

2. Mélangez le beurre mou, la cassonade et le sucre vanillé à l'aide d'une fourchette jusqu'à obtenir une texture crémeuse. Ajoutez l'œuf, puis mélangez bien. Ajoutez la farine et la levure, puis pétrissez jusqu'à obtenir une pâte homogène. Ajoutez les éclats de chocolat et les noisettes concassées.

3. Divisez la pâte en 8 boules et disposez-les sur 2 plaques recouvertes de papier cuisson ou d'une toile de cuisson, en les espaçant bien. Placez 30 minutes au réfrigérateur.

4. Préchauffez le four à 160 °C en chaleur tournante. Enfournez pour 19 minutes. Laissez les cookies tiédir avant de les décoller de la plaque.

5. Pendant qu'ils tiédissent, décorez-les avec de petits tas de Nocciolata® et de praliné. Répartissez les noisettes restantes.

Cookies pistache

Cookies chocolat-noisettes

Quatre-quarts à la pistache

Pour 8 personnes
Préparation 15 minutes
Cuisson 45 minutes

4 œufs
Farine de blé (poids égal aux œufs)
Sucre (poids égal aux œufs)
Beurre demi-sel fondu (poids égal aux œufs)
1 sachet de sucre vanillé
1 sachet de levure chimique
2 c. à soupe de pâte de pistaches

1. Préchauffez le four à 180 °C en chaleur tournante.

2. Pesez les œufs sans leur coquille et mesurez un poids équivalent de farine, de beurre et de sucre. Faites fondre le beurre au micro-ondes et réservez.

3. Versez les œufs, le sucre et le sucre vanillé dans un grand saladier et fouettez jusqu'à ce que le mélange blanchisse et devienne mousseux. Ajoutez la farine et la levure tamisées, puis mélangez délicatement jusqu'à obtenir une pâte homogène. Versez le beurre fondu en plusieurs fois en mélangeant doucement pour bien l'incorporer à la pâte. Ajoutez la pâte de pistaches et mélangez jusqu'à ce qu'elle soit bien répartie dans la pâte.

4. Beurrez et farinez un moule à cake. Versez la préparation dans le moule. Enfournez pour 45 minutes. Laissez refroidir avant de démouler.

Astuce

Pour un quatre-quarts bien brillant, vaporisez un peu de spray alimentaire neutre sur le gâteau refroidi.

Préparation au Thermomix®

Versez les œufs, le sucre et le sucre vanillé dans le Thermomix®, et programmez 1 min 30, vitesse 3,5. Ajoutez la farine et la levure, et programmez 1 min 30, vitesse 3,5. Reprogrammez pour 1 minute, vitesse 3 et ajoutez le beurre fondu par l'ouverture du couvercle. Ajoutez la pâte de pistache et programmez 1 minute, vitesse 3.

Gâteau aux pommes ultra-moelleux

Pour 8 personnes
Préparation 20 minutes
Cuisson 50 minutes

3 à 4 pommes rouges
1 citron
250 g de beurre demi-sel, bien mou
150 g de sucre muscovado ou cassonade
3 gros œufs
100 ml de lait
1 sachet de sucre vanillé
1 pincée de cannelle
1 sachet de levure chimique
350 g de farine T45
Sucre glace (pour la finition)

1. Préchauffez le four à 180 °C.

2. Lavez les pommes, retirez le cœur et tranchez-les finement. Arrosez-les de jus de citron pour éviter qu'elles noircissent.

3. Dans un saladier, fouettez le beurre mou avec le sucre jusqu'à obtenir un mélange crémeux. Ajoutez les œufs un à un, puis incorporez le lait. Ajoutez le sucre vanillé, la cannelle, la levure chimique et la farine, puis mélangez jusqu'à obtenir une pâte lisse.

4. Versez la pâte dans un moule beurré et fariné. Répartissez les tranches de pommes sur la pâte. Terminez en formant une spirale avec les dernières tranches pour un bel effet visuel.

5. Enfournez pour 50 minutes. Laissez refroidir, démoulez et saupoudrez de sucre glace pour la touche finale.

Financiers tigrés

Pour 12 financiers
Préparation 15 minutes
Cuisson 21 minutes

150 g de beurre
50 g de farine de blé fluide T45
100 g de sucre glace
100 g de poudre d'amandes
1 c. à café de poudre de vanille (ou les graines de 1 gousse de vanille)
150 g de blancs d'œufs (environ 4 ou 5 œufs)
200 g de pépites de chocolat noir

1. Préchauffez le four à 180 °C en chaleur tournante.

2. Faites fondre le beurre coupé en morceaux dans une casserole à feu doux, puis laissez-le tiédir. Dans un saladier, mélangez la farine, le sucre glace et la poudre d'amandes à l'aide d'un fouet. Ajoutez la poudre de vanille, puis incorporez les blancs d'œufs et mélangez délicatement à l'aide d'une spatule ou d'un fouet jusqu'à obtenir une pâte homogène. Ajoutez le beurre fondu tiède en remuant doucement. Versez les pépites de chocolat et mélangez légèrement pour bien les répartir.

3. Répartissez la pâte dans les empreintes d'un moule à financiers. Enfournez pour 21 minutes jusqu'à ce que les financiers soient dorés. Laissez refroidir 5 minutes, démoulez, puis laissez refroidir complètement sur une grille. Bon appétit !

Astuce

Ces financiers tigrés sont parfaits pour un goûter gourmand ou un dessert raffiné.

Préparation au Thermomix®

Mettez le beurre coupé en morceaux dans le bol du Thermomix® et programmez 3 minutes, 90 °C, vitesse 1. Transvasez le beurre fondu dans un récipient et réservez. Insérez le fouet dans le bol. Ajoutez la farine, le sucre glace, la poudre d'amandes et la poudre de vanille, puis programmez 10 secondes, vitesse 2. Ajoutez les blancs d'œufs et programmez 2 minutes, vitesse 3, tout en versant le beurre fondu petit à petit par l'orifice du couvercle. Ajoutez les pépites de chocolat et programmez 10 secondes, vitesse 2, sens inverse.

DESSERTS POUR TOUTE LA TRIBU

Tartelettes sablé breton, ganache chocolat & chantilly

Pour 12 tartelettes
Préparation 40 minutes
Repos 1 h 30
Cuisson 15 minutes

Sablé breton
150 g de beurre aux cristaux de sel de Guérande mou, coupé en morceaux
140 g de sucre
3 jaunes d'œufs
200 g de farine de blé fluide T45
1 sachet de levure chimique

Ganache au chocolat
200 g de chocolat noir pâtissier
200 ml de crème liquide entière

Montage
2 bananes
Cacao en poudre non sucré
Quelques copeaux de chocolat

Chantilly
250 g de mascarpone
330 ml de crème fleurette entière bien froide
50 g de sucre glace

1. Préparez le sablé breton. Dans un saladier, mélangez le beurre coupé en morceaux et le sucre jusqu'à obtenir une pâte homogène. Ajoutez les jaunes d'œufs, puis mélangez bien. Incorporez la farine et la levure. Malaxez jusqu'à obtenir une boule de pâte. Divisez la pâte en 12 portions de 40 g. Placez un moule à 12 empreintes allongées sur une plaque perforée. Foncez les empreintes du moule avec les boules de pâte. Placez le moule au réfrigérateur et laissez reposer 1 heure.

2. Préchauffez le four à 180 °C en chaleur tournante. Enfournez le moule pour 15 minutes. Laissez refroidir les sablés avant de les démouler.

3. Préparez la ganache au chocolat. Coupez le chocolat en morceaux et placez-les dans un bol. Faites bouillir la crème. Retirez du feu dès l'ébullition et versez-la sur le chocolat. Laissez reposer 1 à 2 minutes, puis mélangez afin d'obtenir une ganache lisse. Laissez refroidir à température ambiante jusqu'à ce que la ganache épaississe légèrement.

4. Coupez les bananes en rondelles et répartissez-les sur les fonds de tarte refroidis. Versez la ganache sur les rondelles de banane, puis réservez les tartelettes 30 minutes au réfrigérateur.

5. Préparez la chantilly : fouettez le mascarpone, la crème fleurette et le sucre glace à l'aide d'un batteur électrique jusqu'à obtenir une chantilly ferme. Placez-la dans une poche à douille et pochez-la sur les tartelettes. Saupoudrez de cacao non sucré et ajoutez quelques copeaux de chocolat.

Astuce

Vous pouvez déguster vos tartelettes immédiatement ou les conserver au frais jusqu'au moment de la dégustation.

Crème brûlée

Pour 6 personnes
Préparation 20 minutes
Cuisson 1 h 15
Repos 2 h 30

1 gousse de vanille
100 ml de lait entier
5 jaunes d'œufs
75 g de sucre
500 ml de crème liquide entière froide
Cassonade (pour la caramélisation)

1. Fendez la gousse de vanille dans la longueur et grattez l'intérieur pour récupérer les graines. Dans une casserole, sur feu doux, faites chauffer le lait avec la gousse et les graines jusqu'à frémissement. Retirez du feu, laissez infuser 30 minutes, puis retirez la gousse.

2. Dans un saladier, fouettez les jaunes d'œufs et le sucre jusqu'à ce que le mélange blanchisse. Ajoutez la crème froide, mélangez, puis incorporez le lait infusé.

3. Préchauffez le four à 120 °C. Répartissez la préparation dans des ramequins. Disposez-les dans un grand plat, versez de l'eau dans le fond du plat à mi-hauteur des ramequins et enfournez pour 1 h 15.

4. Laissez refroidir à température ambiante, puis réservez au moins 2 heures au réfrigérateur.

5. Juste avant de servir, saupoudrez les crèmes de cassonade et caramélisez avec un chalumeau.

Chez nous, les cookies, c'est une vraie obsession ! Individuels, géants, sous toutes les formes... on en raffole ! Et vous l'avez sûrement remarqué, j'essaie toujours de me perfectionner : il y en avait déjà dans mes premiers livres et, cette fois, je partage avec vous LA recette pour un goûter ultra gourmand. En format géant, c'est parfait pour un anniversaire, un goûter entre amis ou même une kermesse d'école. Bref, préparez-vous à craquer !

Cookie géant cacahuètes & gianduja

Pour 6 à 8 personnes
Préparation 15 minutes
Repos 30 minutes
Cuisson 30 minutes

115 g de beurre aux cristaux de sel de Guérande
1 œuf
50 g de sucre muscovado
1 sachet de sucre vanillé
220 g de farine
1 sachet de levure chimique
100 g de chocolat noir, coupé en gros éclats
100 g de gianduja (ou chocolat au lait pâtissier), coupé en gros éclats

Décoration
Du caramel au beurre salé
De la pâte à tartiner
Quelques cacahuètes torréfiées

1. Faites fondre le beurre et laissez-le refroidir complètement.

2. Dans un saladier, mélangez l'œuf, le sucre muscovado et le sucre vanillé. Ajoutez le beurre fondu refroidi et mélangez bien. Incorporez la farine et la levure chimique, puis formez une boule de pâte homogène. Ajoutez les éclats de chocolat noir et de gianduja, puis mélangez de nouveau pour bien les répartir.

3. Étalez la pâte dans un moule de 18 cm de diamètre. Placez le moule au réfrigérateur pendant 30 minutes.

4. Préchauffez le four à 150 °C en chaleur tournante. Enfournez le cookie pour 30 minutes.

5. Laissez refroidir complètement avant de démouler délicatement.

6. À l'aide d'une petite cuillère, répartissez de petits tas de pâte à tartiner et de caramel au beurre salé sur le cookie. Ajoutez les cacahuètes torréfiées pour une touche croquante.

Partager mes recettes, c'est partager un morceau de mes souvenirs, de mon histoire. Aujourd'hui encore, à travers cette recette, je mets à l'honneur mon papa, qui me faisait souvent un tiramisu au chocolat quand j'étais enfant, car je n'aimais pas le café. Cette version revisitée est un hommage à ces doux moments.

Tiramisu au chocolat

Pour 6 à 8 personnes
Préparation 30 minutes
Cuisson 10 minutes
Repos 12 heures

Chocolat chaud
500 ml de lait entier
100 g de chocolat noir

Tiramisu
6 œufs
80 g de sucre
500 g de mascarpone
30 biscuits à la cuillère
Cacao en poudre non sucré (pour saupoudrer)

1. Préparez le chocolat chaud : dans une casserole, faites chauffer le lait avec le chocolat et remuez pour obtenir un chocolat chaud homogène. Laissez tiédir.

2. Séparez les blancs des jaunes d'œufs. Dans un saladier, fouettez les jaunes avec le sucre jusqu'à ce que le mélange blanchisse. Incorporez le mascarpone et mélangez.

3. Dans un autre saladier, montez les blancs en neige ferme, puis incorporez-les délicatement à la crème au mascarpone.

4. Trempez rapidement les biscuits dans le chocolat chaud.

5. Dans des ramequins individuels ou dans un plat familial, alternez des couches de crème mascarpone et de biscuits imbibés, en terminant par une couche de crème.

6. Saupoudrez de cacao. Laissez reposer 12 heures au réfrigérateur avant de servir.

Astuce

Pour une belle présentation, utilisez une poche à douille pour la dernière couche de crème. Ajoutez des copeaux de chocolat noir sur le dessus pour une touche gourmande.

Coulants chocolat & amande

Pour 6 à 8 coulants
Préparation 15 minutes
Cuisson 10 à 15 minutes

200 g de chocolat noir pâtissier
100 g de beurre demi-sel
4 œufs
70 g de sucre
200 g de poudre d'amandes
50 g de farine de blé

1. Préchauffez le four à 200 °C en chaleur tournante.

2. Faites fondre le chocolat avec le beurre au bain-marie.

3. Dans un saladier, fouettez les œufs et le sucre jusqu'à ce que le mélange blanchisse et devienne mousseux. Incorporez le chocolat et le beurre fondus en mélangeant rapidement. Ajoutez la poudre d'amandes et la farine, puis mélangez jusqu'à obtenir une pâte homogène.

4. Versez la pâte dans des ramequins beurrés. Enfournez pour 10 à 15 minutes. Les desserts doivent être dégustés tièdes pour un cœur fondant.

Astuce

Pour plus de gourmandise, servez les coulants avec une boule de glace vanille, nappés de caramel au beurre salé.

Tartelettes feuilletées gourmandes aux fruits

Pour 8 personnes
Préparation 35 minutes
Repos 1 nuit
Cuisson 20 minutes

Crème pâtissière
1 gousse de vanille
500 ml de lait entier
80 g de sucre
2 jaunes d'œufs
2 œufs
50 g de farine de blé fluide T45

Tartelettes
8 carrés de pâte feuilletée
300 g de fruits de votre choix
1 jaune d'œuf pour la dorure
Sucre glace

1. La veille, réalisez la crème pâtissière. Fendez la gousse de vanille dans la longueur pour récupérer les graines. Dans une casserole, faites chauffer le lait avec la gousse de vanille et les graines, sans le faire bouillir. Laissez infuser 1 heure hors du feu.

2. Dans un saladier, fouettez le sucre, les jaunes d'œufs et les œufs jusqu'à ce que le mélange blanchisse. Incorporez peu à peu la farine jusqu'à obtenir un mélange homogène.

3. Retirez la gousse de vanille de la casserole et portez le lait vanillé à ébullition. Versez peu à peu le lait dans le saladier tout en fouettant. Lavez et séchez la casserole, puis reversez-y la crème. Chauffez sur feu doux pendant 2 à 3 minutes en fouettant constamment jusqu'à épaississement. Versez la crème dans un plat, filmez au contact et laissez refroidir 1 nuit au réfrigérateur.

4. Le jour J, préchauffez le four à 180 °C. Étalez les carrés de pâte feuilletée sur 2 toiles de cuisson de 40 × 30 cm, elles-mêmes posées sur 2 plaques en aluminium perforées. À l'aide d'un couteau, à 2 cm du bord, incisez la pâte le long de 2 angles opposés sans découper un cadre complet (la pâte est coupée à l'intérieur de ces 2 angles, mais reste attachée aux 2 autres angles opposés). Prenez un coin extérieur de la pâte coupée et rabattez-le sur l'angle opposé. Procédez de la même manière avec le coin opposé. Vous obtenez comme un cadre avec deux angles torsadés. Appuyez légèrement pour maintenir les coins en place. Badigeonnez les bords des feuilletés de jaune d'œuf battu. Enfournez pour 20 minutes environ, jusqu'à ce que les bords soient bien dorés et croustillants.

5. Une fois les tartelettes refroidies, déposez 1 cuillerée de crème pâtissière au centre de chaque carré. Disposez les fruits sur la crème pâtissière. Saupoudrez-les de sucre glace.

Brownie gourmand aux M&M's®

Pour 9 parts généreuses
Préparation 20 minutes
Cuisson 20 minutes
Repos 30 minutes

Brownie
300 g de chocolat noir pâtissier
120 g de beurre aux cristaux de sel de Guérande (ou demi-sel)
90 g de cassonade
3 œufs
90 g de farine de blé T45 fluide

Ganache
200 g de chocolat noir ou au lait
200 ml de crème liquide entière

Décoration
M&M's® (quantité selon vos envies)

1. Préchauffez le four à 180 °C en chaleur tournante.

2. Dans un bol, faites fondre le chocolat et le beurre coupés en morceaux au bain-marie en mélangeant jusqu'à obtenir une texture lisse et homogène.

3. Dans un saladier, fouettez la cassonade avec les œufs jusqu'à obtenir un mélange mousseux et léger. Incorporez le mélange chocolat et beurre fondus, puis mélangez bien. Ajoutez la farine tamisée et mélangez jusqu'à obtenir une pâte homogène.

4. Placez un moule carré sur une plaque perforée. Versez la pâte dans le moule et enfournez pour 20 minutes. Laissez le brownie refroidir complètement avant de le démouler.

5. Réalisez la ganache. Hachez finement le chocolat. Faites chauffer la crème liquide jusqu'à frémissement (sans la faire bouillir). Versez la crème chaude sur le chocolat haché en 3 fois, en mélangeant bien entre chaque ajout à l'aide d'une spatule ou d'un fouet jusqu'à obtenir une ganache lisse et brillante.

6. Étalez uniformément la ganache sur le brownie refroidi à l'aide d'une spatule. Réservez 30 minutes environ au réfrigérateur, le temps que la ganache prenne légèrement.

7. Répartissez généreusement les M&M's® sur la ganache. Coupez le brownie en 9 parts égales (ou présentez-le entier). Servez et savourez ce brownie ultra-gourmand !

Astuce

Vous pouvez remplacer les M&M's® par des Smarties® pour une décoration colorée et tout aussi gourmande !

DÎNERS DE FÊTE

Mini muffins façon pain d'épices au foie gras

Pour 20 mini muffins
Préparation 15 minutes
Cuisson 15 minutes

125 g de yaourt nature au lait entier
100 g de sucre
1 c. à soupe d'épices pour pain d'épices
3 œufs
200 g de farine de blé fluide T45
1 sachet de levure chimique
90 g d'huile de tournesol
100 g de bloc de foie gras
Confiture de cerises noires ou de figues ou de la compotée d'oignons

1. Préchauffez le four à 180 °C en chaleur tournante.

2. Dans un saladier, fouettez le yaourt avec le sucre et les épices pour pain d'épices. Ajoutez les œufs et mélangez bien. Incorporez la farine et la levure, puis mélangez jusqu'à obtenir une pâte homogène. Ajoutez l'huile et mélangez de nouveau.

3. Répartissez la pâte dans les empreintes d'un moule à mini muffins. Posez le moule sur une plaque perforée et enfournez pour 15 minutes. Laissez refroidir complètement avant de démouler.

4. Découpez les muffins en deux : le chapeau et la base. Coupez le foie gras en tranches fines. Reconstituez les muffins en insérant 1 tranche de foie gras entre la base et le chapeau. Ajoutez 1 cuillerée à café de confiture ou de compotée sur le chapeau du muffin pour finaliser la décoration.

Saumon gravlax

Pour 8 personnes
Préparation 10 minutes
Repos 48 heures

1,5 kg de filet de saumon frais et épais
150 g de sucre
200 g de gros sel de Guérande
1 c. à café de poivre moulu
1 bouquet d'aneth
Quelques baies roses (facultatif)

1. Coupez le filet de saumon en deux portions de taille égale. Dans un grand bol, mélangez le sucre, le sel et le poivre.

2. Dans un grand plat, placez un des filets de saumon, peau vers le bas. Répartissez uniformément le mélange de sucre, sel et poivre sur la chair du saumon. Ajoutez l'aneth frais et quelques baies roses si vous le souhaitez. Placez le second filet de saumon par-dessus, chair contre chair, peau vers l'extérieur. Enveloppez bien le tout avec du film alimentaire, ajoutez un poids par-dessus (par exemple un moule ou une plaque en faïence) et réservez 48 heures au réfrigérateur. Toutes les 10 à 12 heures, jetez le liquide qui s'accumule.

3. Au bout de 48 heures, rincez les filets sous l'eau froide pour retirer l'excès de sel et de sucre. Séchez-les délicatement avec du papier absorbant. Garnissez avec un peu d'aneth et des baies roses, si vous le souhaitez.

4. Tranchez finement le saumon pour le servir.

Astuce

Le saumon gravlax se conserve jusqu'à 2 semaines au frais dans une boîte hermétique. C'est idéal pour planifier vos repas de fête ! Cette recette maison présente un véritable avantage économique : elle vous reviendra autour de 35 € contre 50 à 70 € le kilo dans le commerce. Préparer votre propre saumon gravlax permet non seulement de faire des économies, mais aussi d'assurer une qualité et une fraîcheur incomparables !

Mauricettes à garnir

Pour 10 mauricettes
Préparation 20 minutes
Repos 1 heure
Cuisson 15 minutes

15 g de levure de boulanger sèche
150 ml de lait
1 litre + 150 ml d'eau
500 g de farine de blé fluide T45
10 g + 2 c. à café de sel
35 g de beurre mou

Pochage
1 litre d'eau
2 c. à café de sel
100 g de bicarbonate de soude

Dorure
1 œuf battu

1. Dans un bol, mélangez la levure avec le lait tiède et 150 ml d'eau tiède. Laissez reposer 5 minutes pour activer la levure. Dans un saladier, mélangez la farine et 10 g de sel. Faites un puits au centre et versez le mélange liquide. Pétrissez à la main ou au robot pétrisseur pendant 5 à 7 minutes, jusqu'à obtenir une pâte homogène et souple. Incorporez le beurre mou et continuez à pétrir pendant 5 minutes.

2. Couvrez le saladier avec un torchon propre et laissez pousser dans un endroit chaud, à l'abri des courants d'air, pendant 1 heure.

3. Dans une casserole, portez à ébullition 1 litre d'eau avec 2 cuillerées à café de sel et le bicarbonate de soude.

4. Préchauffez le four à 200 °C. Sur un plan de travail fariné, dégazez la pâte en appuyant dessus pour faire échapper l'air, divisez-la en 10 pâtons et formez des ovales.

5. Plongez chaque pâton dans l'eau frémissante pendant 30 secondes, en les retournant au bout de 15 secondes. Déposez-les sur une plaque de four recouverte de papier cuisson. À l'aide d'un pinceau, badigeonnez les mauricettes d'œuf battu, puis réalisez 3 entailles sur le dessus à l'aide d'un couteau. Enfournez pour 15 minutes, jusqu'à ce qu'elles soient dorées.

Préparation au Thermomix®

Mettez la levure, le lait et 150 ml d'eau dans le bol du Thermomix®, et programmez 2 minutes, 37 °C, vitesse 2. Ajoutez la farine et 10 g de sel, et pétrissez 3 minutes. Incorporez le beurre et pétrissez 3 minutes. Transférez la pâte dans un saladier.

Poulet au sirop d'érable & à l'orange

Pour 6 à 8 personnes
Préparation 15 minutes
Cuisson 2 h 15

1 très gros poulet
2 c. à soupe de gros sel
1 citron
3 oignons
3 oranges à jus
1 orange bio non traitée (bien lavée)
2 c. à soupe de miel liquide
5 c. à soupe de sirop d'érable
100 g de beurre demi-sel
Sel, poivre

1. Préchauffez le four à 200 °C.

2. Frottez le poulet avec le gros sel et le citron coupé en deux, puis placez-le dans un plat allant au four.

3. Pelez et émincez les oignons, puis disposez-les autour du poulet. Pressez les 3 oranges à jus et versez le jus obtenu sur le poulet. Salez, poivrez et arrosez le poulet de miel et de sirop d'érable.

4. Enfournez pour 1 h 30, en arrosant le poulet de temps en temps. Au bout de 1 h 30 de cuisson, coupez l'orange restante en fines rondelles et disposez-les sur le poulet. Réduisez la température du four à 180 °C et poursuivez la cuisson pendant 45 minutes, en arrosant régulièrement.

5. Servez le poulet avec des pommes de terre duchesse et des haricots verts ou d'autres accompagnements de votre choix.

Tournedos aux girolles, sauce ail & fines herbes

Pour 8 personnes
Préparation 10 minutes
Cuisson 15 minutes

8 tournedos
560 g de Boursin® cuisine ail & fines herbes
300 g de girolles surgelées
20 g de beurre pour la cuisson
2 c. à soupe d'huile d'olive

1. Sortez les tournedos du réfrigérateur 15 minutes avant la cuisson pour les détendre.

2. Dans une poêle, faites fondre la moitié du beurre avec un filet d'huile d'olive. Ajoutez les girolles encore surgelées et faites-les revenir à feu moyen jusqu'à ce qu'elles rendent leur eau et deviennent légèrement dorées. Réservez au chaud.

3. Dans la même poêle, ajoutez le reste du beurre et un filet d'huile d'olive. Saisissez les tournedos à feu vif, en ajustant le temps de cuisson selon votre préférence (bleu, saignant, à point ou bien cuit). Réservez au chaud.

4. Dans une petite casserole à feu doux, faites chauffer le Boursin® jusqu'à ce qu'il devienne légèrement liquide, en remuant régulièrement pour éviter qu'il n'accroche.

5. Versez un fond de sauce Boursin® dans chaque assiette. Déposez un tournedos au centre. Ajoutez les girolles par-dessus la viande. Servez immédiatement, accompagné de pommes dauphines, de tagliatelles fraîches, d'un gratin dauphinois ou de légumes de saison.

Astuce

Ajoutez un peu de persil frais ciselé ou quelques éclats de noisettes torréfiées sur les girolles.

Brie à la truffe

Pour 4 à 6 personnes
Préparation 10 minutes

400 g de brie de Meaux
250 g de mascarpone
75 g de brisures de truffe
1 c. à café d'huile d'olive parfumée à la truffe
1 c. à café de fleur de sel

1. Coupez le brie de Meaux horizontalement pour obtenir 2 disques de fromage.

2. Dans un saladier, mélangez le mascarpone, les brisures de truffe, l'huile d'olive à la truffe et la fleur de sel.

3. Garnissez les 2 parties du brie avec cette préparation, puis lissez les côtés pour une présentation nette. Refermez le brie. C'est prêt !

Pain d'épice

Pour 6 à 8 personnes
Préparation 15 minutes
Cuisson 45 à 60 minutes

125 ml de lait
110 g de cassonade
200 g de miel liquide
4 c. à café de mélange d'épices pour pain d'épices
300 g de farine de blé fluide T45
1 œuf
1 c. à café de levure chimique
1 c. à café de bicarbonate de soude
1 pincée de sel

1. Préchauffez le four à 180 °C.

2. Dans un saladier, mélangez à l'aide d'un fouet le lait, la cassonade, le miel et les épices. Ajoutez la farine, la levure, le bicarbonate de soude, l'œuf et le sel et mélangez vigoureusement.

3. Versez la pâte dans un moule à cake préalablement graissé (ou dans un moule en silicone). Enfournez pour 45 minutes à 1 heure. Le pain d'épices doit être bien doré. Pour tester la cuisson, piquez-le avec la pointe d'un couteau : elle doit ressortir propre.

4. Laissez refroidir le pain d'épices quelques minutes dans le moule avant de le démouler. Placez-le sur une grille de refroidissement. Laissez-le complètement refroidir, puis enveloppez-le dans du film alimentaire.

Astuce

Pour donner un bel éclat à votre pain d'épices, vous pouvez utiliser un spray alimentaire neutre pour le faire briller.

Préparation au Thermomix®

Versez le lait, la cassonade, le miel et les épices dans le bol du Thermomix®, et programmez 1 minute, 40 °C, vitesse 2. Ajoutez la farine, la levure, le bicarbonate, l'œuf et le sel, et programmez 2 minutes, vitesse 3.

Chocolate bombs

Pour 6 à 8 bombes
Préparation 30 minutes
Repos 1 h 10
Cuisson 10 minutes

300 g de chocolat noir pâtissier
3 c. à soupe d'huile de pépins de raisin
Cacao en poudre non sucré
Minimarshmallows
100 g de chocolat blanc pâtissier

1. Équipez-vous de moules en silicone en forme de demi-sphères ou de moules spécifiques pour les chocolate bombs.

2. Faites fondre doucement le chocolat noir cassé en morceaux au bain-marie en remuant régulièrement. Retirez-le du feu, puis ajoutez l'huile de pépins de raisin. Mélangez bien afin d'obtenir une préparation lisse et brillante.

3. À l'aide d'un pinceau ou d'une cuillère, recouvrez généreusement les parois des moules avec le chocolat fondu, afin que les coques deviennent bien solides. Placez les moules 10 minutes environ au réfrigérateur, le temps que la première couche durcisse. Ajoutez une deuxième couche de chocolat, puis replacez-les 1 heure au réfrigérateur.

4. Lorsque les coques de chocolat sont bien dures, démoulez-les délicatement. Remplissez la moitié des demi-sphères avec des minimarshmallows et 1 cuillerée à café de cacao.

5. Pour sceller les bombes, faites chauffer une casserole à feu moyen. Prenez chaque demi-sphère et chauffez légèrement ses bords en les posant brièvement contre le cul de la casserole chaude. Le chocolat va fondre légèrement et vous pourrez souder les 2 moitiés ensemble pour former une sphère parfaite.

6. Faites fondre le chocolat blanc et versez-en un peu sur chaque bombe à l'aide d'une cuillère. Laissez-les refroidir complètement avant de les servir ou de les offrir.

Astuce

Pour déguster les chocolate bombs, placez une bombe dans une tasse et versez du lait très chaud dessus. La bombe va fondre et libérer les minimarshmallows et le cacao, pour une boisson délicieuse !

Nougat glacé aux pistaches & framboises

Pour 6 à 8 personnes
Préparation 20 minutes
Repos 12 heures minimum

3 œufs
100 g de miel
50 g de sucre
25 g de sirop de glucose
33 cl de crème à fouetter et mascarpone bien froide
250 g de mascarpone
150 g de pistaches non salées décortiquées
150 g de framboises surgelées
100 g de framboises fraîches pour la décoration (facultatif)
Coulis de framboises
Quelques éclats de pistaches

1. Séparez les blancs des jaunes d'œufs. Dans un saladier, montez les blancs en neige.

2. Dans une casserole, faites chauffer le miel pendant 3 minutes à feu moyen. Versez délicatement le miel fondu sur les blancs en neige, en fouettant.

3. Dans un autre saladier, fouettez les jaunes d'œufs avec le sucre jusqu'à ce que le mélange blanchisse, puis incorporez-le aux blancs en neige. Ajoutez le sirop de glucose et mélangez délicatement.

4. Dans un saladier, montez la crème à fouetter et les 250 g de mascarpone en chantilly.

5. Incorporez délicatement la chantilly au mélange œufs et sucre. Ajoutez les pistaches et les framboises surgelées, puis mélangez délicatement.

6. Versez la préparation dans un moule à bûche savarin et placez 12 heures minimum au congélateur.

7. Au moment de servir le nougat glacé, sortez le moule du congélateur et démoulez immédiatement. Versez du coulis de framboises sur le dessus, parsemez de framboises fraîches et de quelques éclats de pistaches. Patientez 10 minutes avant de servir.

Astuce

Vous pouvez préparer le nougat jusqu'à un mois à l'avance et le conserver au congélateur. Bonne dégustation !

Pavlova

Pour 6 à 8 personnes
Préparation 25 minutes
Cuisson 1 h 30 à 2 heures

Meringue
4 blancs d'œufs moyens
250 g de sucre
15 g de Maïzena®
1 c. à café de vinaigre blanc

Chantilly au mascarpone
330 ml de crème à fouetter et mascarpone
250 g de mascarpone
50 g de sucre glace

Garniture aux fruits rouges
400 g de fruits rouges au choix
Quelques feuilles de basilic

1. Réalisez la meringue. Dans un saladier, montez les blancs d'œufs en neige avec le sucre et la Maïzena® à l'aide d'un batteur électrique à vitesse moyenne pendant environ 10 minutes. Ajoutez le vinaigre blanc et fouettez encore 1 minute. Placez la meringue dans une poche à douille.

2. Préchauffez le four à 100 °C en chaleur tournante.

3. Sur une feuille de papier cuisson, tracez un cercle de 22 cm de diamètre et déposez-la sur une plaque de cuisson. Pochez la meringue en formant des anneaux à l'intérieur du cercle, en creusant légèrement le centre.

4. Enfournez pour 1 h 30 à 2 heures (elle doit être bien sèche), selon l'épaisseur de la meringue, puis laissez la meringue refroidir complètement.

5. Réalisez la chantilly. Dans un saladier, fouettez la crème liquide avec le mascarpone et le sucre glace à l'aide d'un batteur électrique jusqu'à ce que le mélange soit ferme.

6. Garnissez le centre de la meringue refroidie avec la chantilly au mascarpone. Disposez les fruits rouges dessus et ajoutez quelques feuilles de basilic pour la décoration.

Astuce

La meringue peut être préparée jusqu'à 48 heures en avance. Si vous manquez de temps ou ne souhaitez pas faire la meringue maison, vous pouvez acheter des meringues prêtes à garnir. Vous pouvez également remplacer les fruits rouges par d'autres fruits de votre choix, comme des pêches, des figues ou même un mélange de fruits exotiques. La seule limite, c'est votre imagination !

Table des recettes

PETIT DÉJ & BRUNCH

DÉJEUNERS EXPRESS EN SOLO OU À PLUSIEURS

DÎNERS EN FAMILLE

Sushis donuts

GOÛTERS POUR LES GOURMANDS

DESSERTS POUR TOUTE LA TRIBU

Clafoutis aux cerises

MENUS DE FÊTES

Poulet au sirop d'érable & à l'orange

INDEX

Remerciements

Écrire ce troisième livre est une immense fierté, et il ne serait rien sans les personnes qui m'entourent et m'inspirent chaque jour.

À mes parents, qui ont éveillé en moi l'amour de la cuisine et m'ont transmis bien plus que des recettes : une passion, une générosité, une façon d'aimer à travers les plats partagés. Papa, même si tu n'es plus là, ton héritage vit dans chacune de mes créations.

À Chouchou, mon meilleur ami, ma moitié, celui qui a toujours cru en moi, même quand je servais des chips de lasagnes. Ton soutien, ta patience et tes encouragements ont été le moteur de cette aventure culinaire.

À mes enfants, qui me poussent chaque jour à devenir la meilleure version de moi-même. Vous êtes ma plus grande source d'inspiration et mon plus beau défi au quotidien.

À ma communauté Instagram, sans qui tout cela ne serait pas possible. Vous m'avez vue évoluer, vous m'avez soutenue, encouragée et, grâce à vous, j'ai osé concrétiser mes rêves. Merci pour votre bienveillance et votre enthousiasme qui rendent cette aventure encore plus belle.

Ce livre est le fruit d'un parcours fait d'expériences, d'essais (parfois ratés), de réussites et surtout d'amour. Merci à vous tous de faire partie de cette histoire.

Jenny

58, rue Jean-Bleuzen, CS 70007, 92178 Vanves Cedex. France
contact@marabout.fr

Relectures : Élise Peylet et Natacha Kotchetkova

Mise en pages : Pierre Manas

5854918

ISBN : 978-2-501-19279-8/01

Dépôt légal : mars 2025

Achevé d'imprimer en février 2025 par Graficas Estella en Espagne.

PAPIER CERTIFIÉ

MARABOUT s'engage pour l'environnement en réduisant l'empreinte carbone de ses livres.
Celle de cet exemplaire est de :
1 kg 600 éq. CO_2
Rendez-vous sur www.marabout-durable.fr